子どもの「読解力」がすぐ伸びる魔法の声かけ

石田勝紀

はじめに

「読解力」という言葉を見聞きしたとき、

「国語の問題を解くときにしか、使わない力でしょう？」

そう思う方もいるかもしれませんね。

読解力が重要ということを知ってはいても、他教科にどれほど影響を与えているかは知らない方もいるかもしれません。

さすがに「テストでいい点数さえ取れれば、読解力なんて、どうでもいい！」という方はいないと思いますが、表面的知識やテストの点数に目が行ってしまうことはよくあることでしょう。

本書を読むと、読解力こそが、どの勉強にも必要な最大の力と感じるようになるでしょう。さらに、読解力がつくことで他教科ができるのみならず、物事の見え方が劇的に変わるため、人生そのものが違って見えてくることでしょう。

「読解力」とは、人間のあらゆる能力の土台として必須の、いわば〝基礎体力〟のようなものだからです。

もちろん、読解力なんてなくても「なんとか生きていく」ことは可能でしょう。確かにそうなのですが、どう生きていくのかという点については読解力が影響することはほぼ間違いありません。その点については、過去に〝読解力ゼロのニート〟だった私が保証します。読解力が上がってくると、「自分が見ることのできる世界」ががらりと変わるのです。例えば、「文学作品をおもしろいと感じることができる」「建設的な議論ができるようになる」「ニュースを見て、その背景を類推できるようになる」。

さらに、論理の矛盾に気づきやすくなるため「人からだまされにくくなる」、人の心が読めるようにもなるため「よりよい人間関係を築けるようになる」ということにつながったりします。本書を手に取られたあなたは、もしかしたら子どもの読解力をつけて国語の点数を伸ばしたいと思ったかもしれません。もちろん、それも可能ですが、それは一面だけの効果です。読解力の効用ははるかに大きいのです。

読解力を高めることで、勉強以外にも人生そのものが変わった私は、いつか「読解力」

をテーマに本を書き、ノウハウを公開したいと思っていました。そんな私が、いったいどのように読解力を手に入れたのか。まるでジェットコースターのようだった半生について、はじめにお話しさせてください。

私は小学生のころから、国語が最も嫌いで、苦手科目でした。「教科書を読みなさい」といわれても、ただの活字の羅列にしか思えず、「脳裏に状況が浮かぶ」ということの意味がわからず、ただただストレスを感じていました。

中学生時代は、真面目にやっていたものの、最後まで国語はいい点数が取れませんでした。今では中学生の勉強法講座で、子どもたちに国語の勉強の仕方を教えているため、ノウハウを知っていますが、当時は知るよしもありません。ちなみに、学校の国語のテストは勉強法さえ知っていれば、読解力がなくても簡単に得点できてしまうため、学校の国語の点数が高いからといって読解力があるとは限りません。ですから学校の国語の授業で読解力をつけるというのは、極めて難しいと考えています。それは昔も今も変わりません。また理にかなった読解法についても指導されないことが多いため、読解力がないことは一概に子どもの能力の問題とはいえない一面もあります。

しかし、当時の私にそんなことはまったくわかりません。国語の問題を解いたとき、先生から教わった「いいたいことは段落の最後にある」というルールを鵜呑みにし、その通りに解答しては「違う！」と叱られ、「ええっ？」と驚く……。そんな意味のわからない日々を送っていたのです。

もちろん読書感想文の課題図書も、「本を最後まで読む」ことなどありえません。本の最後のあとがきだけを読み、適当に書いて提出するという〝やっつけ仕事〟です。

そして、ついに高校までそれが続き、結果として解き方、考え方を部分的にかいつまんで聞いた程度でまったく国語ができない〝読解力がない子ども〟だったのです。もちろん、他教科は気合、根性、努力で覚え、学校の点数は取りました。総合的な成績で判断されるため、地元の公立トップ高校には合格できます。つまり、読解力がなくても公立のトップ高校程度なら入れるのです。そんなはずはないと思うかもしれませんが、私は子どもたちを4000人以上指導し、読解力がない子でも合格させてきました。しかし、合格する子のなかには、もちろん読解力がある子もいます。それは大学受験で大きな差となって表れるのです。

私は読解力がない派だったので、高校ではものすごく苦労しました。気合、根性、努力でなんとか高校1年生はやりとげましたが、クラスには、楽々と点を取ってしまう猛者たち（高度な読解力のもち主）がごろごろいるのです。それはそうです。読解力なく入学した私と、読解力をもっている友人たちとが混在して、同じ授業を受けているのですから。イメージでいうと、私が100の力で勉強している一方、彼らは30程度の力で私の上の点数を取っていくような感じです。私の地頭の問題かと思いましたが、後々わかったことは、読解力をつける方法を彼らは知っていて、私は知らなかったということだったのです。

そんな私に人生の転機が訪れたのは、大学受験に二度失敗した後でした。人生のどん底に落ち、もう受験はしない、専門学校もイヤ、働くこともイヤというニート状態になったときです。人間、人生のどん底に落ちると「考える」ようになるものです。それまで、新聞も本も読まなかった私は、暇なので読み始めるようになります。さらに、大学を受験しないにもかかわらず、けじめのつもりでやっていた通信添削の国語の問題をじっくりと読み、解説を何度も読むことを始めていたのです。暇なので、時間だけはたっぷりあります。すると驚くことが起こります。4月に国語の偏差値が40前後であったものが、半年経った

10月、11月には70後半が取れるようになっていたのです。さらに不思議なことに、月に数回しか勉強していないにもかかわらず、数学や英語の偏差値も上がりだします。今となってはなぜ上がるのか意味がわかっていますが、当時は魔術にかかったようにしか思えませんでした。

私はこの現象に驚くとともに、「なぜ、これを今まで誰も教えない！　これが手に入れば万能なのに！」と強く思ったものです。

これも後々わかったことですが、読解力がもともとある子はいます。先天的といってもいいでしょう。ただし、ほとんどの子には先天的な読解力がありません。だから、教えてあげなくてはいけません。教えてあげれば、後天的に伸ばすことができるのです。しかし、現実は、読解力が後天的についた子の割合は少ないことでしょう。その証拠が、本書で後述していますが、教科書の読めない子が多数いるというデータです。もし後天的に読解力がついていれば、そのような統計データは出てこないはずです。

このように、波乱万丈な20歳までを送った私は、大学1年になると同時に、あるきっかけで学習塾を開設することになりました。

読解力は、勉強ができるようになるだけでなく、人生も変える

塾では、子どもたちに「読解力を獲得した方法」を伝え、導いてきました。直接指導した子どもたちの数は、4000人以上にのぼります。

当然のことながら、子どもたちは国語が「得意科目」になりますが、それよりもうれしいことは、「勉強が楽しい」「早くまた授業を受けたい」という子がたくさん増えたことです。

読解力は、単に勉強ができるようになるという表面的な成果だけではなく、学びに対する人生観そのものまで変えてしまうことがよくわかったのです。

読解力がない状態、つまり思考停止状態で〝国語の落ちこぼれ〟だった私が、子どもたちの読解力を引き上げてきたのですから、人生どうなるかわからないものです。

私は先生という立場で子どもたちを指導してきましたが、その後わかったことは、家庭

内でも十分に読解力を引き上げることができるということでした。どちらからといえば、家庭の日常で上げていくほうが効果的とさえ感じています。

ですから、読者の方のお子さんにも、私の〝秘法〟をお伝えし、読解力を手に入れていただきたいと願っています。

ちなみに、「読解力を上げたい」というとき、読書をさせればいいと考える人がいますが、残念ながら、うまくいくとは限りません。本書で詳しく説明しますが、そもそも活字が嫌いな子に本を読ませるということだけを考えてみても、適切ではないことがわかるのではないでしょうか。

このように、何となく読解力が上がるだろうと感じている方法をやってみても、全然上がらないということは、よくあることです。そのような勘違い、誤解も本書で解き明かしていきます。

学校に通う12年もの間、読解力は求められ続ける

さて、現在の日本の教育という視点から、読解力について少し考えてみましょう。

日本の場合、通常は小学校から高校までの12年間は、「試験漬け」の時期を送ることになりがちです（大学に進学した場合は、さらに4年間、その時期が延長されることになります）。

試験で一定の成績を収め続けるには「一夜漬け」「丸暗記」などの能力で切り抜ける方法もありますが、読解力を駆使しながら突破していく方法もあります。当然、前者は「苦」であり、後者は「楽」な道のりです。勉強とは苦しいものであるという妄想をもってしまうと前者を選択してしまいます。

試験がつきものである12年間、もしくは16年間を「苦しい」とストレスまみれで生きていくのか。あるいは「楽しい」とまではいかずとも、「苦しまない」状態で過ごすのか。

両者の差は、あまりにも大きいでしょう。

「そうはいっても、読解力を上げるのは、大変なことでしょう？」

そんな声も聞こえてきそうですね。

でも、読解力を上げることは、まったく難しくなく、私は「簡単」とさえいっています。

また、学歴やキャリアといった親御さんの属性にも関係はありません。

さらにいうと、共働き家庭の親御さんでも取り組んでいただけるほど、手軽でシンプルな方法です。

「簡単ですよ」と申し上げると眉唾に聞こえてしまうかもしれませんが、本当に難しくないのです。あとは、それぞれのご家庭で、「やるか、やらないか」というだけの問題です。


どのようなアプローチで読解力をアップさせるのか。本書ではいくつも紹介しますが、例えばここで1つ例題を出させていただきます。子どもに尋ねてもいいですし、親御さんが考えてもいいでしょう。後の37ページを読んでいただくと、「なるほど、そう考えるといいのか！」と新鮮な驚きを感じられるはずです。

〈例題〉（考え方については37ページを参照ください）

次の環境問題についての短文を読んで、「何をいいたいのか」、発信者のメッセージを類推し、簡潔に述べてみてください。

「イギリスの砂浜で、クジラの死体が見つかりました。解剖したところ、胃から出てきたのは、数十kgのプラスチックやビニールのごみの塊でした。今、このような事例が、世界中の海で増えています」

読解は難しくありません。誰でもその力を引き上げることができます。しかし、見方、考え方がわからないと、今後もわからないままになってしまいます。どこかで一度「ケリ」をつけておく必要があります。

私は、この日本から「勉強が嫌いな子を一人残らずなくしたい」という野望をもっています。

勉強が嫌いという子が非常にたくさんいます。今のままだと、今後もたくさん出てくることが予想できます。とてももったいないことです。好きにならなくてもいいですが、嫌いになる必要はないでしょう。子どもたちは、そうなるための「方法」を知らないだけなのです。本当にかわいそうなことです。

私は、読解力を、すべての科目に通じる「魔法の力」といっています。大人になっても影響を与えていく力です。

もし、読解力を子どものころに高めることができれば、単に勉強ができるようになるだけでなく、世の中の景色が違って見えることでしょう。

本書を通して、子どもたちの読解力を上げいくことができれば、最大の喜びです。ぜひ、楽しみながら、リラックスして進めてみてくださいね。

それでは、お話を始めていきます。

目次

第2章 読解力が、今まで以上に必要になる理由

第3章 「本を読みなさい」という前にやること

第4章 読書せずに読解力をつける方法

第5章 読解力養成にまつわる20のQ&A

第1章

「読解力がない子」が見ている世界「読解力がある子」が見えている世界

読解力がないのは子どもの問題ではありません

読解力がないと、損ばかりの人生になる

第1章では、読解力の有無で、世界の見え方がどれだけ違うのか。まずしっかりとお伝えしていきます。

そもそも、「読解力がなぜそんなに大事なのか」と疑問に思う方がいらっしゃるかもしれません。もちろん、読解力がなくても（乏しくても）、生きていくことは可能です。実際に、日常生活で困ると感じるような局面は、そうそうないかもしれません。

しかし「読解力がない人」は、人の言葉を誤解する可能性も高いといえます。約束事が理解できていなかったり、文章を読むことに抵抗感を抱いてしまったりするため、情報収集の面でハンディを負うリスクがあるのです。特に現代は、情報の更新速度が速くなって

いるので、誤解は致命的になることもあります。

ましてやそんな状態が、子ども時代から大人になるまでずっと続いたとしたら……。

機会損失が途方もなく積み重なってしまうはず。

ですから文字をひと通り読める年代になったら、次は読解力を身につけるよう、周りの大人が導いていくことができれば理想的です。

いい読み方と、よくない読み方

そのためには、「勉強しているように見えるのに『意味を理解していない子』もいる」、という事実を頭に置いておいてください。

さて、あなたのお子さんは、いかがでしょうか。

「自分の部屋で、静かに長時間机に向かっているようだから、問題はないはず」

そんなふうに思い込んではいないでしょうか。

子どもの頭のなかは見えにくい分、大変厄介なものです。

例えば、子どもが文章を読んでいる姿を見たことはありますよね。

家で宿題のプリントをやっていたり、メールを読んでいたり、テレビのテロップの字を読んでいたり。しかし、その瞬間の子どもの頭のなかが、どのように働いているかを見ることは困難です。

実は、そこに大きな問題が横たわっているのです。

文章の読み方には、「いい読み方」と「よくない読み方」、2種類の読み方があります。

「いい読み方」とは、「意味を理解しながら読んでいる読み方」です。

この場合、書いてあることが1つひとつ頭と心にスーッと入ってきている状態です。うまくいくと、「文章」と「その子自身」が一体になっていることもあります。

「よくない読み方」とは、字ヅラを追っているだけの読み方です。つまり、びっしりと並んだ活字の列に対して、目を物理的に移動させているだけ。

この状態は、書いてあることが頭にも心にも届いておらず、本人にとっても「不快」であることが多いものです。ストレスを感じていることすらあるでしょう。

「そんな読み方をしている子が、本当にいるのか」

そういぶかしく思う方もいるでしょうが、率直にいって、かなりたくさん存在します。

何を隠そう、私自身も高校時代までその読み方を経験していますから、「よくない読み方」をしている子どもの気持ちは、痛いほどよくわかります。

この「よくない読み方」をしている限り、文章をきちんと理解することは不可能です。もちろん、１００％といっていいほど、国語ができません。国語以外の教科も、伸び悩むことが当然でしょう。


例えば「理系科目の成績を上げたい」と、数学や理科の勉強に打ち込んでも、根幹となる読解力が養われていない場合、ある程度まで上がるものの、頭打ちになります。読解力は、すべての教科の基礎となるものですから、他の教科にまで悪影響が及ぶのは、残念ながら当然のことなのです。

繰り返しますが、子どもの頭のなかは見えません。だから、次のような負のスパイラル（循環）に陥りやすいのです。

1：順調に問題を解いているように見えるのに、読解力がないから「よくない読み方」しかできず、文章の意味が理解できない。

↓

2：当然、国語の成績は伸びない。

↓

3：他教科の勉強も、知識の暗記以外は伸びず、「勉強は苦しいもの、覚えるもの」と勘違いする。

このような負のスパイラルに陥っているのに気づいていない子どもとその親御さんに、私はこれまで、それこそ何千回と読解力の重要性を説き、それが身につくよう寄り添い続けてきました。

読解力のある子とない子、どちらの気持ちもよくわかる

ではいったいなぜ、私がその点に気づけたのかというと、答えはシンプルです。私自身

の実体験があるからです。

私は小学生のころから成績を上げるために熱心に勉強するタイプでしたが、国語についてだけはなぜだか、からっきし〝ダメな子ども〟でした。

「そういえば当時は文章を読むとき、字ヅラだけをやみくもに追っていたなぁ」と、後々になって気づきます。当時を振り返ると、国語の問題の答えを考えるときは、文字をただただ眺めているだけ。例えていうと運まかせに「宝探し」をしているようなものでした。そんなやり方で、答えが簡単に見つかるはずがありません。

そんな「読解力のない子」でしたから、「文章の意味を理解する」ということ自体、意味がわかっていない論外状態でした。もちろん「国語ができるようになる」なんて、夢のまた夢です。

読解力がないから、当然英語も頭打ち。数学もパターンを刷り込んでいるだけで、問われていることの意味すら理解ができません。だから、自分が暗記した「パターン」から外れた問題には太刀打ちできず、新たな「パターン」をひたすら覚え続ける……。

そんなしんどすぎる子ども時代を過ごしました。

「読解力」がなければ、算数も英語もできない

しかし、その後「読解力」を手に入れたおかげで、国語はもちろん他の科目まで、確実に点数をアップさせると同時に、意味を理解する楽しさがわかったのです。

「読解力」を得たことにより、人生が大きく変わりました。

幸い私はこうして手に入れることができましたが、残念ながら「読解力」の影響力のすごさを知ることも、読解力の養い方を知ることもなく、大人になっていく子どもたちは少なくありません。

しかし、もしそれを教えてくれる大人がそばにいたら。人生をより楽しく生き抜くための武器として、読解力を獲得できたことでしょう。

読解力を得た当時は「なぜ今まで気づけなかったのか」と自分をよく責めていたものですが、その経験があったからこそ、私は塾の子どもたちを指導することができました。

「小学校の中学年以降の子どもたちには、この武器を早く身につけさせてあげたい」

「私のように『損ばかりしてきた子ども』を、一人でも減らしたい」

それが、私の悲願なのです。

このように、人の運命を左右してしまうほど〝残酷〟な一面をもち合わせている「読解力」ですが、うれしい性質も備えています。

それは、文字を読める年代からいつでも、誰でも、獲得できるという点です。

過去に指導してきた多くの子どもたちが、それを実証してくれました。

読解力とは、誰でも平等に、訓練次第で獲得できるもの。親御さんの意識１つで、高められるもの。「読解力のない子」は、単に教わる機会に恵まれなかっただけなのです。

私の場合は、人生のどん底に陥って、考えざるを得ない状況に追い込まれ、幸運にもそれを手に入れることができました。ですから、「読解力のある子とない子」の両方の気持ちがわかるのです。

通常、私のようなどん底経験はしないでしょうから、手に入れないまま、〝ほどほどの読解力〟で終わることが少なくありません。ですから、少しでも早く、読解の方法を、教えてあげる必要があるでしょう。

読解力を身につければ、自己肯定感も上がりだす

近年、子どもも大人も、自分に自信をもっていない人が少なくないように感じられてなりません。

もちろん、そこにはさまざまな理由があることでしょう。大きな理由として「私は勉強(仕事)ができない」という思い込みがあるのではないでしょうか?

特に中学生、高校生に多いのは「勉強ができない自分＝ダメな自分」という錯覚です。「勉

強」という1つの指標だけにとらわれ、自己肯定感が下がったままの中学生、高校生が世の中にたくさん存在するのです。

その自己肯定感の低さは統計データにも表れています（30ページ参照）。おそらく「学校での勉強」で、つぶされてしまったことが要因だと考えられます。

また大人でも「仕事ができない人」は、自己肯定感が低い傾向にあります。

いつも「仕事ができない人」と思われて出勤するのは、つらいことでしょう。

でも実は「勉強ができない」「仕事ができない」というのは単なる錯覚で、本人による思い込みであることが珍しくありません。なかにはわずか一度の失敗でこのような錯覚に陥り、「自分はダメだ」という幻影をつくり出しているケースも見受けられます。

実際にこれまで、勉強の世界でも、仕事の世界でも、スポーツの世界でも、「結果が問われる分野」においては、20世紀型の「気合、根性、努力が必須」という考え方が主流でした。

「努力が足りない」という常套句は、そんな事実を物語っています。

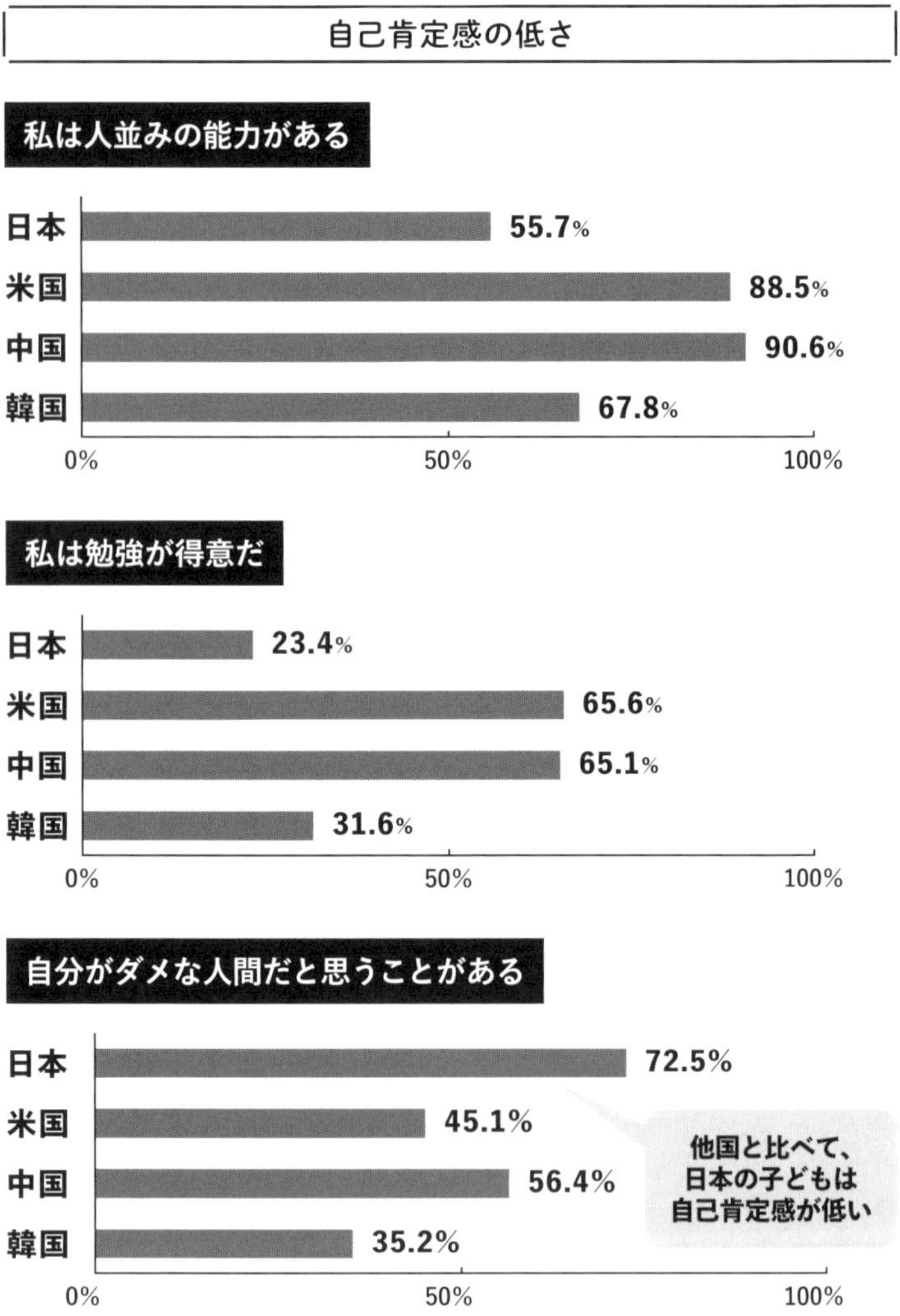

出所：国立青少年教育振興機構「高校生の生活と意識に関する調査」(2015年)

でも「多くの努力を積み重ねれば、必ず結果が出せる」とは、必ずしも限りません。
しかし、意味を理解する力、つまり「読解力」を身につけることで、勉強も、仕事も、さらにはスポーツなど「型のあること」までも、著しい結果を出せるようになることが多いのです。

これから展開されていく本書をお読みいただくことで、これまで明らかにされてこなかった読解力の正体と、その獲得法を知り、子どもたちに、それを適用していってあげてください。

子どもの学力のことで、悩んだり憂えたりするのはもう終わりにしましょう。
もちろん親が自分にダメ出しをする必要も、まったくありません。

読解力がある人が見えている世界

読解力は、学校だけでなくリアルな社会でも必須

読解力があると、人生そのものがより充実し、より楽しいものとなるということは、すでに何度も書いてきました。

読解力は、勉強以外の局面でも、さまざまなメリットをもたらしてくれます。人生をより一層深めたり、自分の新たな可能性を開発してくれたりします。

「学校のテストに強くなるため」「受験戦争を勝ち抜くため」など、目先の目標をクリアするためだけに読解力を身につけるわけではないと理解いただけるエピソードを、ご紹介しておきましょう。

以前、いくつかの学校の校長先生方と、海外視察に行ったときの話です。ある校長先生とアメリカのボストンの街を歩いているときのことです。

彼は、歩きながら街にあるさまざまなものに興味を示し、それについて自分の意見を語ってくれました。私は異国の景色に圧倒されていただけだったのですが、彼が受け取り続けていた情報量は、私が受け取った情報量とは比べようもないほど、多かったはずです。

ツアー終了後の親睦会で、参加者が視察の感想について話す場があったのですが、その校長先生が話していたことは圧倒的な情報量に基づいていて、問題意識のレベルも高いものでした。街を通じて文化を〝読解〟していたのです。私は驚嘆するばかりでした。

また、ある高名な僧侶と海外旅行に行ったときのことも忘れられません。その僧侶のもともとの博識ぶりは知っていましたが、彼が情報を得ているところを目の当たりにして感嘆したものです。私と同じ街を一緒に歩いているにもかかわらず、受け取る情報の量が段違いに多く、また内容も濃いのです。例えばはじめて来た街の地理を即座に把握し、街の店舗やカフェの位置も正確に記憶していました。30分ほど一緒に歩いた後「今まで歩いてきた途中に3軒、素敵なカフェがあったけど、どこにしようか」といい、続けてそれら3

つのカフェの特徴を詳細に話したのです。彼はカフェの経営者ではありません。僧侶です。ただボーッと歩いていた私は、そのうちの1つのカフェに入ったときに、彼の正確な情報に驚きました。観察力が格段にあり、街の構造をとらえる力もずば抜けているのです。彼は著書を数多く出しており、また講演会も多数行っています。そのような場において、このような体験を事例として盛り込むことをされています。つまり、意味を理解し、そこから一般化させていくことも、このような体験からされています。これもある種の読解力の高さといっていいでしょう。

さまざまな力の基本になるのが、読解力

このような「街の情報を把握する力」の根っこには、単なる情報の暗記とは異なる「読解力」があります。

また読解力というものは、あらゆる場面で発揮されます。なぜなら、さまざまな力の根底にある基盤の能力だからです。

要するに、勉強に限らず仕事でも、日常生活でも、遊びのシーンでも、「読解力」はさまざまな局面で必要不可欠な力といえます。「一事が万事」です。だから読解力の程度で「街の見え方」が異なる、つまり「世界の見え方」が異なってくるのです。

読解力が、人生をより一層深めたり、自分の新たな可能性を開発してくれたりするものであるとおわかりいただけたでしょうか。

「読解力」とは、自転車に乗る能力とよく似ています。つまり「読解力」とは、一生錆びつかない、生涯使い続けることができる〝武器〟なのです。一度獲得すれば、場面を問わず、ずっと使える能力ですから、早くに獲得するに越したことはありません。

読解力がある子に見えている世界と、読解力がない子に見えている世界

読解力を測る方法

では、読解力の「ある・なし」で、どんな世界が見えているのか。

いよいよ、子どもの実例を挙げながら、お話ししていきます。


その子が持つ読解力の程度を知りたいとき。文章を読み聞かせるなり、読ませるなりして、「どういう話だった？」と問いかけ、答えさせる方法があります。

つまり子ども自身に、インプットとアウトプットをセットでさせるわけです。

このとき、読解力を測る指標となるのは「抽象度」です。

具体的な事柄しか返ってこない場合は、「読解力が低い」。抽象化された内容が返ってき

た場合は「読解力が高い」といえます。小学生の場合は特にレベルの差が大きいものです。何人かの子どもたちで比較をした場合、その答えに天と地ほどの差が生じることもあります。

「抽象」と「具体」

例えば、環境問題について、次のような文章があったとします。

「イギリスの砂浜で、クジラの死体が見つかりました。解剖したところ、胃から出てきたのは、数十kgのプラスチックやビニールのごみの塊でした。今、このような事例が、世界中の海で増えています」

このような文章を読み終えたとき、「いいたいことは何？」と聞くと、その子の読解力のレベルがわかります。

「読解力のない子」の場合、「クジラがかわいそうっていう話です」「クジラが大変なんだって」などという答えが返ってくることが圧倒的に多いものです。つまり、「プラスチックやビニールを飲み込んでしまうクジラが増えている」「クジラがかわいそう」という表面的な事象にしかフォーカスできないのです。もちろん、それもいいたいという面もあります。

しかし「読解力のある子」の場合は、「環境汚染の話」とか、さらに一歩進んで「私たち人間が環境を守る意識をもつことが大切」というところにまで、考えが及んだりします。

これを専門的な用語で言うと「抽象化する力がある」といいます。

なお、いったいどうすれば抽象化する力がつくようになるのかについては、後の章でご説明していきます。

「抽象的」「具体的」という言葉は、皆さん既にご存じでしょう。

国語の教科書に書かれているような文章も、普段しゃべっている日常の会話も、「抽象」「具体」の羅列によって成り立っています。しかし、子どもはこの認識ができていません(もしかすると、大人でもできていない人は多いかもしれません)。

国語ができない子は、「抽象」と「具体」の区別がついていないため、国語の文章の字ヅラだけを追ってしまうのです。

それは、いい換えると「考えない」という思考停止状態です。いくら字ヅラを追っていても、文章の内容は頭にも心にも入っていません。

「抽象」とは、簡単にいえば「ざっくりいうと、こういう感じ」というものです。一方、「具体」とは、「例がはっきりしていてわかりやすいもの」という意味です。

抽象度を変えると、ものの見方や感じ方まで変わる

話をわかりやすくするために、犬を飼っている4人の女性たちの例え話をしてみましょう。

Aさんが、ポメラニアンを飼っていました。

Bさんも、ポメラニアンを飼っていました。

Aさんのポメラニアンも、Bさんのポメラニアンも具体的です。しかし、「具体的な世界」というのは、なまじ目に見えるため、比較や争いが起こりやすいのです。

AさんはBさんに、こう声をかけます。

「Bさんのポメラニアンよりも、うちのポメラニアンのほうが、目がうんと大きくてかわいいわ」

でも、Aさんのポメラニアンも、Bさんのポメラニアンも「ポメラニアン」という、同じカテゴリーに属していますよね。

今度は、Cさんのミニチュアダックスフントが現れます。

すると、また比較や争いが起こります。

ポメラニアンを飼っているAさんが、Cさんに、次のようなマウントを仕掛けます。

「ダックスフントって、よく吠えるっていうじゃない？　大変でしょう？　うちのポメラニアンは、静かでおとなしくて、とってもおりこうさんなのよ」

しかし、ポメラニアンもダックスフントも、一段上から見れば「小型犬」というカテゴリーで、またまた同じ部類に属することになります。

すると次に、Dさんのシベリアンハスキーが現れます。

またまた比較、争いが起こります。

「生物」についてさまざまな抽象度で見る

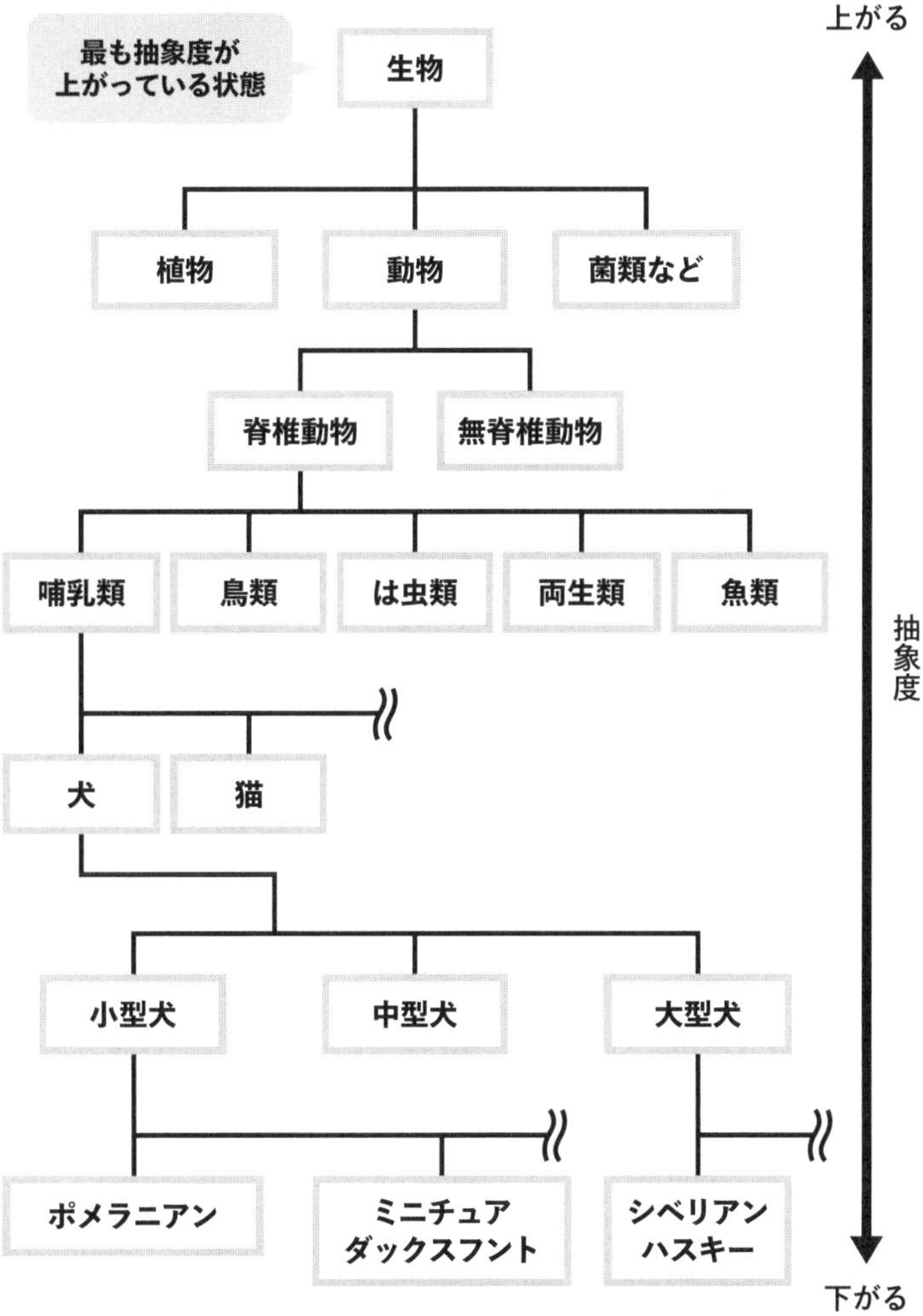

ミニチュアダックスフントを飼っているCさんが、Dさんにこういいます。

「よく、そんな大きな犬を飼えるわね。エサ代もすごいでしょう？」

でもよく考えてみてください。

小型犬も大型犬も、一段上から見れば、「犬」という同じカテゴリーに属しています。要は同じ仲間、同類です。

このように、「ポメラニアン→小型犬→犬→哺乳類→脊椎動物→動物→生物」と上位の概念へ広げていくことを「抽象度が上がる」と表します。どの視点から見るかによって、判断はまったく異なってくるものです。

抽象度がもともと高い子は、すべてが見えている

この理屈を算数に当てはめてみましょう。

問題集の1ページに、10問の問題があったとします。抽象度の低い子は「10問とも別々の問題だ」と感じています。「1問目は分数の問題。2問目は小数の問題。3問目は分数

と小数が混じった計算」という具合です。

でも抽象度の高い子は、これらすべての問題は「同じ」であることがわかっています。

もちろん、互いの微妙な違いについてもきちんと認識ができています。

「この問題は分数、この問題は小数と表面的には形が違うけれども、聞かれていることは同じだなぁ」と把握できているのです。これが「読解力のある子」です。


国語の説明文の問題に当てはめて、考えてみましょう。

たいていの説明文では、筆者が1つの段落で「いいたいこと」は1つと決まっています。特にテストで使用される文章には、そのような部分が取り上げられます。

抽象度の低い子（読解力のない子）は、「書かれている文章の用語が違うし、構造も違うから、すべて違うことが書かれている」と錯覚しています。だから字ヅラをすべて追い、設問ではやみくもな答え探し（宝探し）が始まります。

一方、抽象度の高い子（読解力のある子）は、表面的な形は違っていても、「いっていることは同じ」ということが見えています。だから、簡単に正答にたどり着くことができるのです。

もちろん、子どもがどのような見え方、感じ方をしているかは、端から見てもわかりません。単に問題を解いている様子、文章を読んでいる様子としてしか見えないからです。これが、同じ授業を受けていても、差がつく理由なのです。その結果、学年が上がるにしたがって、ますます両者の差は大きくなるのです。

抽象度が高い子（読解力のある子）は、上の視点から物事を見るので、ポイントを即つかんでしまいますが、そうでない子（読解力のない子）は大変です。なにしろ、すべての問題や文章が違って見えているのですから、いくら勉強しても「無限にある問題」としてしか認識できません。そうなると、正答を導き出せるどころか、そのはるか手前で、やる気を失います。おもしろくもなく、むしろ不快感しか出てこない勉強に、やる気など出てくるわけがないのです。

この抽象度の高さを、わかりやすく山に例えて見てみましょう。

富士山を想定してください。地上（0合目）では、横の世界しか見えません。登山する仲間とその周囲の様子ぐらいでしょうか。かなり具体的に細かく見えますね。これが抽象度0の状態です。

「抽象度」が高いと世界を広く見ることができる

　ところが、そこから山に登り、3合目、5合目とやってきます。すると下界が見渡せますね。世界が多少広く見えます。と同時に、具体的ではなく、ざっくりと「あのあたりには町がある」とか「あのあたりにはビル群が並んでいる」など抽象的にまとめて見ることができます。これが抽象度5のレベルです。

　さらに富士山を登り、頂上の10合目に着きました。すると360度見渡せます。見える世界がいちばん広く、さらに全体像がわかります。いちばん抽象度が高い10のレベルです。

　このように、抽象度が低い子と高い子では、見えている景色が違うということがおわかりいただけたでしょうか。

東大生と「仕事ができる人」の共通点

抽象度の高さについてお話しする際に、わかりやすい例として、もう1つ挙げさせてもらうのが「東大生」という存在です。

東京大学の修士課程と博士課程に在籍中、私は数多くの現役東大生と話をする機会に恵まれました。そのとき、驚いたことの1つが、彼らの「抽象度の高さ」です。

彼らには「一を聞いて十を知る」というフレーズがピッタリ当てはまります。

彼らは、具体的な話を聞くと、それを抽象化させて理解し、さらに一般化していくことまでできるのです（0合目の話をして、10合目から見ることもできる状態）。

そもそも東大生とは、センター試験（共通テスト）の全教科で高得点を取り、さらに2次試験の難解な問題でも多教科、多分野にわたって高得点を取っていくという離れ業を成し遂げてきた人たちです。

もちろん、受験勉強は相当したでしょうが、科目数が多く、しかもハイレベルな問題が解けるようになるまでには、「数限りない問題をひたすら解く」というスタイルではなく、「いくつかの具体的問題を抽象化させ、〝ルール化〟や〝パターン化〟が自然とできていた」という背景があるはずです。

これを社会人に当てはめて例えてみましょう。

「仕事ができる人は部署が変わっても、それまでと同じように高いパフォーマンスを発揮できる」などとよくいわれます。それは、「東大生」の受験突破法と同じです。

はじめに配属された部署で高いパフォーマンスを出している人は、その「具体的仕事」から抽象度を上げて、「ルール化」「パターン化」「一般化」することができます。

したがって、まったく違う部署に異動になっても、「具体的問題を抽象化→ルール化・パターン化→一般化」が短期でできる、というわけです。

反対に、抽象度の低い人は、「ルール化」「パターン化」「一般化」がなかなかできないため、すべてを「具体的仕事」ととらえてしまい、一からやり直すという発想しか持ち合わせていません。それは、「すべての種類の数学の問題をマスターしないと受験では高得点が取れない」と思い込んでいる受験生と同じで、非常に苦労するパターンなのです。

「ではいったい、どうすれば抽象度をアップさせる力がつくのか？」

そんな声も聞こえてきそうですね。実は、「抽象度」は誰でも上げることができます。

その方法については、追って詳しくお話しします。

誰でも、いつからでも、抽象度は上げられる

1つ、お伝えしておきたいのは、世の中には「もともと抽象度が高い子」が存在する、という事実です。そういう子は、先ほどの富士山の頂上から下を、全体的に見下ろしているようなもの。「世界」がすべて見えています。だから、勉強をする場合、問題を少し解いただけでコツをつかみ、それぞれの違いまで認識できるのです。

「もともと抽象度が高い子」には、特徴があります。

幼い時期から、哲学的な問いを発したりする傾向が見られるのです。例えば周囲の子たちが「このキャラクターのお名前は？」と、目に見える具体的な事柄に興味をもっているのに対して、「人はなぜ生まれてきたの」というような問いを発するのです。

そんな抽象的な質問をする子は、大きくなっても、単語の奥に込められた意味を感じ取ったり、文章の行間にまで思いを馳せたりすることができます。つまり、「字ヅラを読む」だけでなく、その奥にある意味まで洞察することができるのです。ですから、国語のテストを受けるようになっても、文章全体の意味が理解できているから、答えを容易に見つけることができます。

中学受験塾でトップクラスにいるような子どもたちには、このような抽象度の高さが備わっていることを、長年、現場で指導されている国語の講師からも聞いています。

けれども「わが子がそうではないから」とあきらめる必要は、まったくありません。繰り返しになりますが、思考における「抽象度」とは誰でも、いつからでも訓練次第で上げられるもの。つまり「読解力」とは、誰でもいつからでも養えるものなのです。

「読解力がない」状態とは、大人が英語を読むように苦しいもの

読解力のある子は少数派

ここまで見てきたように、「読解力がある子」と「読解力のない子」では、目に見える光景がまったく異なります。勉強でいうと、たとえまったく同じ教科書を読んでいたとしても、その理解度に雲泥の差があるのはそのためです。

とはいえ私は「読解力のない子」を責めるつもりはありません。「読解力のない子」は、そもそも「読解力とは何か」を知らないだけだからです。「本当は読解力を秘めているのに、使いきれていない」という状態だからです。

一方、「読解力がある子」というのは、もともと「自分に備わっている読解力の使い方を、

直感で使いこなしている子」といい換えられます。それは「元来秘めている力があふれ出ている」とも表現できます。そういう子は、文字を読めない時期から、読解力を無意識のうちに、自然に発揮していることが多いものなのです。

とはいえ、そのような子はごく少数派です。

本書の目的は、「本来誰にでも備わっている読解力」をうまく引き出していくことにあります。

ですから、お子さんやあなた自身を責めないようにしてくださいね。

まず、読解力のない子の心情や行動を知り、それに寄り添っていくのが近道です。

「読解力のない子」と「無理やり英文を読まされる大人」のつらさは同じ

繰り返しますが、「読解力のない子」の読み方は、字ヅラだけを追うというものです。

だから、額面通りの意味しか理解できていません。当然、文章全体から答えを見つけようとしても、非常に苦しいわけです。

例えばトランプゲームの神経衰弱で「どこにハートのエースがあったのか」を探すときのような大変さを味わうだけで、正答にたどり着けない、楽しくない、おもしろくない。だから「読むこと」が嫌いになり、そのまま自ずと「勉強そのものまでイヤになる」というわけです。

そのつらさを、まず汲み取ってあげましょう。

読解力のない子が「本を読まされているときのつらさ」は、日本語を母語として育った大人が、「無理やり好きでもない英文読解をさせられるつらさ」ととてもよく似ています。「英語が好き」という大人でない限り、また、なんらかのモチベーションがない限り、「学校英語で習った英文法の知識だけを頼りに高度な英語の長文を読む行為」は〝苦行〟に近いはずです。

もちろん、長文のなかに「見たことがある英単語」「知っている英単語」はいくつか見つけられるかもしれません。また過去に得た知識を駆使して、表面的な意味を取る作業、つまり部分的な「直訳」はできるかもしれません。しかし「全体的なメッセージを正しく

大人でも、英語の長文を読むとつらさを感じる

汲み取る意訳」までは、おそらくなかなかできないことでしょう。

この「意訳ができる力」こそが「読解力」なのです。

極端なことをいうと、英文を見ただけで「面倒臭い」と感じる大人が多いと思います。なかには、「英語なんて見たくない」と、目を背けてしまう人もいるでしょう。

「読解力のない子」が、文章を目にしたときの感情は、それと同じととらえてください。

英文を見ただけで拒否反応を示してしまう大人。「不快」という感情が先に立つ大人。それと同様のストレスを、「読解力のない子」も密かに感じている、というわけです。

私たち大人は、自分の意志で苦手な英文から離れることができます。誰かに「英文を読みなさい」と強制されることもありません。しかし、学校に通う子どもたちは、「文章」を読まないと叱られる。だから一応、おとなしく座って、教科書と向き合ってはいる。「読解力のない子の多くが、そんな苦しさのなかにいる」という現状を、まずは冷静に認識してあげましょう。

親御さんが感情的にならないこと。

そして読解力を上げる方法を身につけ、子どもにロジカル（論理的）に接することが何より大切です。

日本の子どもたちは読解力がない？

世界と比べて、日本の子どもたちの読解力は低下している？

ところで、日本の子どもたちの読解力は、他国と比べて高いのか、低いのか、いったいどちらなのか、考えたことがありますか？

「ＯＥＣＤ」（経済協力開発機構）が進めている、「ＰＩＳＡ」（Programme for International Student Assessment／学習到達度調査）と呼ばれる国際的な学習到達度テストがあります。わが国も、それに参加しています。

この「ＰＩＳＡ」では、15歳児を対象に、読解力、数学的リテラシー、科学的リテラシーの三分野について、3年ごとに本調査を実施しています（次回本調査は1年延期となり2

022年実施予定)。直近の調査である2018年の「PISA」の結果が発表された後、「日本の読解力の低下」がいたるところで取り沙汰されるようになりました。

確かに日本は15位。お世辞にも、芳しい結果とはいえないでしょう。しかしこのようなデータの場合、まずよく見ないといけないのは、「国名」ではなく「どの国のどの都市で取られた統計か」という点です。

例えばこのデータの場合、上位5位までは、世界でも有数の高レベルな国・都市が占めています(以前は上海だけで、各分野の1位を独占していました)。また、11位のスウェーデンから20位のドイツまでは、数値が似通っており、「団子状態」とも形容できます。つまり、順位を見ただけで「日本の子どもたちの読解力が落ちた」と論じていいのか疑念が残ります。

また、「PISA」で出題される問いは、通常の学校の問題とは異なるため、被検者である子どもたちが「慣れていなかった」という事実も差し引いて考えねばならないでしょう。

ここで私自身の見解をいわせてもらうと、日本の子どもたちの読解力が「低下した」と

PISA2018「読解力」の平均得点

順位	国名・地域名	得点
1	北京・上海・江蘇・浙江	555
2	シンガポール	549
3	マカオ	525
4	香港	524
5	エストニア	523
6	カナダ	520
7	フィンランド	520
8	アイルランド	518
9	韓国	514
10	ポーランド	512
11	スウェーデン	506
12	ニュージーランド	506
13	アメリカ	505
14	イギリス	504
15	**日本**	**504**
16	オーストラリア	503
17	台湾	503
18	デンマーク	501
19	ノルウェー	499
20	ドイツ	498

出所：国立教育政策研究所「OECD生徒の学習到達度調査（PISA2018）」

いう論調には、賛同できかねます。

誤解を恐れずいえば、日本の子どもたちの読解力はそもそも「あまり高くない」。

はっきり表現すると「日本の子どもたちの読解力は、最初から低かった」。

それが、膨大な数の子どもたちを指導してきた、私の経験からの本音です。

実は子どもたちは、教科書が読めていなかった

そんな私の経験論をエビデンスとして裏づけてくれるデータが、最近発表されました。AI研究で著名な数学者・新井紀子氏による調査結果です。

新井氏は、全国の2万5000人もの中高生を対象に、「読解力調査」を実施し、その結果や分析をまとめた著作『AI vs. 教科書が読めない子どもたち』（東洋経済新報社）を、2018年に上梓。同書は、20万部超のベストセラーとして話題を呼びました。新井氏は「日本の中高生の多くが、中学校の教科書を正確に読めていないこと」を明らかにしています。

ここでは手短に、その一部を引用させていただきます。

全国2万５０００人を対象に実施した読解力調査でわかったことをまとめてみます。

・中学校を卒業する段階で、約３割が（内容理解を伴わない）表層的な読解もできない
・学力中位の高校でも、半数以上が内容理解を要する読解はできない
・進学率１００％の進学校でも、内容理解を要する読解問題の正答率は50％強程度である
・読解能力値と進学できる高校の偏差値との相関は極めて高い
・読解能力値は中学生の間は平均的には向上する
・読解能力値は高校では向上していない
・貧困は読解能力値にマイナスの影響を与えている可能性が高い
・通塾の有無と読解能力値は無関係
・読書の好き嫌い、科目の得意不得意、１日のスマートフォンの利用時間や学習時間などの自己申告結果と基礎的読解力には相関はない

高校生の半数以上が、教科書の記述の意味が理解できていません。（中略）

このような状況の中で、ＡＩが今ある仕事の分を代替する時代が間近に迫っているので

す。これが、何を意味するのか、社会全体で真摯に考えないと大変なことになります。

学校に幻想を抱いてはいけない

では、日本の子どもたちの読解力が低い原因とは、いったい何でしょうか?

1つ目の要因は「学校で読解を教えていないから」という点です。これは数十年以上も前からそうで、「最近になって読解を教えなくなった」ということではありません。

2つ目の要因は、「勉強に対する意欲を喪失している子が増えているから」ということです。特にここ10年は、その傾向が強まっています。国の統計でも出ているように、その直接的な原因はゲーム、スマホです。

ただ、発想を少し転換させてほしいのです。

「子どもたちがなぜゲームやスマホに走るのか」といえば、「学校で教えられる勉強が、あまりにもつまらなすぎるから」とはいえないでしょうか。

つまり、子どもたちを取り巻く「勉強以外の楽しみ」が急増したことで、相対的に勉強に向かう時間が減ったというのが本来の原因と私は考えています。

そもそも勉強は、「量より質」で結果が左右されるものです。

「勉強は気合、根性、努力が大切で、量が重要」と思っているとしたら、かなり時代遅れの発想といわざるを得ません。勉強は『質＝理解』がはじめにあり、量はその後ということを、勉強ができる子たちは知っています。

しかし、質的な「学び」を知らない指導者が、教育の現場に少なくないため、「読解力がないのは、子どもの問題」と勘違いしているケースもあります。

だから、「ゲームをする時間を減らそう」などと論点をずらした議論に終始するのではなく、学校で展開される授業をより魅力的にしたり、質的に優れたものに改善したりすれば、子どもたちの読解力をもっと養うことが可能なのです。もっといってしまえば、授業内だけで読解力を養うことは十分可能なのですが、それ以前に「授業をしっかり聞けない子がいるから仕方ない」という理由で、〝やっつけ授業〟で終わることも珍しくありません。

とはいえ、先生だけに責任を押しつけるわけにはいかないでしょう。35人や40人の、能力も精神年齢もバラバラな子どもたちを「コントロールをしなければいけない」という教育制度自体、「制度設計ミス」だとも思います。

ですから、学校には過度な期待をせず、家庭で読解力を養成するのがいちばん賢明な道ではないでしょうか。

補足をしておくと、学習塾に読解力の養成を期待するのも、やめたほうがいいと考えています。もちろん、読解力をつけてくれる塾もあることでしょう。しかし、それを期待しても、一向に勉強ができるようにならない、読解力がつかないということは実感としてあるのではないでしょうか。なぜなら、もともと読解力が高い子たちは教えなくても点数を取り、そうではない子たちには、読解よりも、知識を覚えさせることで点数を取らせるほうが簡単だからです。

名選手、必ずしも名監督にあらず

また、忘れてはならない点があります。

国語を指導する先生は、一般的には「もともと国語ができる人たち」の可能性が高いということです。しかも、元文学少年、元文学少女だったりします。つまり、「小さいときから本を読むことが好きで、それが高じて国語の先生になった」というケースが、私の知る範囲では非常に多いのです。

そのような先生のなかには、「国語の問題がわからない」という子に対して、「文章を読めばわかるでしょう？」と考える先生もいます。このような先生に何度も遭遇してきました。

そのような先生は、文章を読むことが好きなうえに、意味を理解することができるので、子どもたちの「読めていない」という状態が理解できないのです。そもそも、「読めていない」とはどういう状態かすら、わからないはずです。

これが世にいう、「名選手、必ずしも名監督にあらず」という現象です。

「指導者に向いている人は、できない経験とできる経験を両方している人だ」といわれる所以は、こういうところにあるのでしょう。

通知表の結果も怪しい

また、公立小学校の通知表の評価で、国語が「◎」であっても、「読解力がある」とは断言できません。読解力がなくても真面目に授業を受けていれば、ある程度の評価がされることがあるからです（読解力に限ったことではありませんが、公立小学校の通知表が「子どもの真の学力」を反映しているかどうかは大いに疑念が残ります）。

また、公立小学校の国語のテストで「得点が高いから」といって、読解力があるともいえません。なぜなら、何度も読まされた教科書の範囲内から出題されるため、正答の予測が非常につきやすいからです。

逆にいうと、模擬試験形式の問題（はじめて見る文章）で高得点を取る子は「読解力がある」と思ってよいでしょう。「初見なのか、そうでないのか」という点が分かれ目になります。

ちなみに私の場合、小学校の国語の点数は、決して悪くはありませんでした。しかし読書はまったくせず、読解力もない状態でした。それは初見の問題を解く模擬試験での国語の点数が物語っていました。

その後、大学受験まで国語で苦しむことになり、それが、他教科に派生もしていた、というわけです。

公立小学校の通知表が高評価であることに越したことはありませんが、それが「読解力がある」という証明にはならないということです。

「読解力を伸ばすための誤った手法」が横行している

「読解力養成」をうたう〝苦行〟には気をつけて

1章の最後に、読解力にまつわる「よくある誤解」をご紹介しておきましょう。

真の読解力を子どもに体得させたいとき、次に挙げる方法は、害になる可能性が高く、実際は、効果は期待できないと考えています。

やればやるだけ「国語嫌い」「勉強嫌い」にさせている危険性すらあります。もし本人が嫌がっていたり、さして効果が認められなかったりするようなら、すぐにやめることをおすすめします。

つまり「家庭で読解力を養う」といっても、「聞いたことがある方法」や「巷でよいとされている方法」がすべて正しいとは限らないということを念頭に置いておくといいでしょう。

国語の問題集を解かせる

「勉強をやった感」「努力した感」が得られる割に、読解力が身につかない。

そんなトレーニング法の代表格が、「問題集を解く」という方法です。

昔からあるスタンダードな手法のため、「親御さんが買ってきた問題集を、子どもと一緒に解く」というご家庭もあるようです。

しかし、「文章を子ども自身が読んで、解答し、答え合わせをする」というサイクルを何度繰り返しても、本質的な読解力を得るには至りません。「なんとなく、やった気分」になるだけです。

たとえ親御さんが、解答書を片手に解説したとしても、文章がそもそもしっかり読めていないため、お子さんの頭や心には、何も届きません。

結果、「いいたいことは段落の最後に必ず書かれている」「選択肢は消去法でやれ」といった表面的なテクニックを伝えて終わりということになりかねません。

読書をさせる

もちろん、読書はとてもよいことです。読解力のみならず、知識や語彙が増えることもあります。好奇心が刺激されたり、楽しくなったり、生きる勇気が湧いてくることだってあるでしょう。しかし、それは「読解力のある子」にとっての話です。「読解力のない子」や文章が読めない子に読書を強要するのは、非常に酷なことです。

読書の効用は確かにあり、それを証明するデータもありますが、よくよく考えてみましょう。そもそも読書を好む子はどういう子でしょうか。活字に抵抗感がなく、文章を読みたいと思っている子です。読解力がもともとある子といってもいいでしょう。では、読解力のない子に読書をすすめたらどういう現象が起こるでしょうか。自ずと結果がわかるはずですね。

つまり、「読書をする子に読解力がある」のではなく、「読解力がある子だから読書をしている」と考えるのが自然だということです。ですから、読解力のない子に読書を強要することは、本人に読むという意思がない限り、害しかないと考えています。

それは、例えると、嫌いな食べ物を「食べなさい！」といって無理やり口に入れているような状態と表現できるかもしれません。

本来読書はとても効果的な手段であるため、「読書をさせれば国語ができるようになる（読解力がつくようになる）」という因果関係をつくってしまいますが、本当にそうなのかと疑問をもってみる必要があるでしょう。

語彙（ボキャブラリー）を増やすようながす

知っている語彙の数が多ければ多いほど、それだけ言葉の意味がわかります。その結果、言葉に興味をもち、文章に興味をもち、読解力が高まるということは確かにあります。ですから、語彙は大切です。

しかし、英単語を学んだだけでは英文が読解できないのと同じように、語彙だけを学んでも、読解には反映されない場合も多々あります。子どものころの筆者はまさにこの状態でした。多くの言葉を単語レベルでは理解できるのに、文章の意図がまったくつかめないのです。

つまり、語彙は重要ではあるが、読解のための補助手段であり、語彙力をつければ、必ず読解力が上がるわけではありません。

難しい漢字を覚えるようながす

漢字は確かに重要です。漢字が読めなければそもそも文章は読めません。しかし、「難しい漢字や熟語を知れば、読解力を上げることができる」とはいい切れない面があります。その理由は、語彙の場合と同様です。

もちろん、難しい漢字を知らないよりは、知っているほうが、生きていくうえで役に立つこともあるでしょう。しかし、多くの漢字を「字ヅラレベル」では理解できても、文章の意図をつかむことには結びつきません。

つまり「語彙力」も「漢字力」も、「読解力を養う」という目的に対しては〝必要条件〟ではありません。「知っていると役立つこともある……」という〝十分条件〟にすぎないのです。

第2章

読解力が、今まで以上に必要になる理由

「2020年の〝教育の大改革〟をご存じでしたか」

教育改革以後、読解力はますます必要になっていく

　ここまで「実は子どもたちは、教科書が読めていなかった」という衝撃の事実についてお話ししました。また「読解力がある子とない子の目に映る世界が、いかに違うか」ということについても、説明しました。この2章では、考察をさらに一歩進め、今訪れつつある時代の変化について明らかにしていきます。なぜなら、これからの時代は、読解力が今まで以上に必要になるからです。

　コロナ禍の影響で、残念ながら一般の方には深く浸透していない印象がありますが、2020年という年は、日本の教育界において、実は非常に大きな節目の年でありました。

どれほど重要だったかというと、教育界のこの変革を「明治維新以来１５０年ぶりの大改革」と表現する人もいるほどです。

では、いったい何が変わるのかというと、大きく２つ挙げられます。１つ目は、日本の学校教育の大黒柱ともいえる「学習指導要領」の内容がこれまでになく大きく改定されること。２つ目は、「大学入試センター試験」が廃止され、「大学入学共通テスト」という新しい試験に切り替わることです。これは、小学校・中学校・高校までの教育の出口とも形容できる「大学入試」の変化に合わせて、「教育全体が変わる」と思っていただいてよいでしょう。

社会の変化に合わせて、学習指導要領も変わる

「今まで続いてきた学習指導要領を、なぜ２０２０年に変えたのか？」

そんな声も聞こえてきそうですね。そもそも「学習指導要領」とは、全国どこの学校でも一定の水準が保てるよう、文部科学省が定めているカリキュラム基準のこと。今までも

約10年に一度、改訂されてきました。

もちろんそこには理由があります。社会全体が変化しているからです。

学校とは、社会と切り離された存在ではなく、社会のなかにあります。グローバル化や急速な情報化、技術革新など社会の変化に沿い、「子どもたちがこれから生きていくのに必要な資質や能力」について、見直しを定期的に重ねるのは、ごく自然のことでしょう。

例えば、1989年の改訂時には、「生活科」が小学校1・2年で導入されたり、高等学校の「家庭科」が、男女共に必修となったりしました。また2008年、2009年の改訂時には「外国語活動」が小学校5・6年で導入されています。もちろん「学習指導要領」ができるまでには、多くの有識者らによる議論や、一般の人たちからの意見募集などが行われています。

「教育」という〝器〟がいくら変わっても、根底に読解力は必要

ではいったい、2020年の改訂では、何が大きく変わったのか。この章でわかりやすくお話ししていきましょう。表面的には大きく変わった指導要領ですが、その根幹には読

解力（思考力という名称で書かれています）があることがわかります。ちなみに、思考力は思ったり考えたりする力のことですが、読解力は「意味を理解する力」と私は定義しています。意味が理解できなければ、そもそも考えることや思うことすらままならないでしょう。ですから、思考力の中心には読解力があると考えています。しかし、このような言葉の定義ばかりを議論しても混乱してしまうこともあるため、「読解力が重要」という意味で進めていきます。いずれにしても、思考力、読解力が、これからは〝さらに〟重要視されるようになるということです。

逆にいうと、どんなに素晴らしい改革がなされても、読解力がおぼつかない子にとっては、「点数が取れない」「勉強に興味がもてない」という状況が続くことになります。

例えば、パソコンにいくら慣れ親しんで、手早く扱えるようになったとしても、「動画ばかり見ている」という子の場合、動画内容にもよりますが、学びへの意欲が高まり、学力が向上するかどうかは、疑問が残ります。受動的な媒体では、主体的に考えることは難しい面があるからです。

「英語」や「ＩＣＴ教育」は、この改革の目玉ではありますが、英語の能力もデジタル機器を扱う能力も、あくまで道具です。その根幹に読解力がなければ、大きな学びを得た

パソコンで動画ばかり見ていても、学びへの意欲は高まらない

り、成長したりすることにはつながりません。

とはいえ「時代はどのように変わっていくのか」、だいたいの方向性を大まかに把握しておくことは、安心材料になることでしょう。新しい変化を億劫がったり、振り回されるように感じたり、負担に思うことはありません。お子さんが経験する新教育のことを、知識として最低限知っておきましょう。「ほんの少し知っていること」と、「まったく知らないこと」の間には大きな隔たりがあります。これからお伝えすることを、頭に入れておいていただければ、お子さんを導く際に、きっと役立つはずです。

21世紀に求められる力

21世紀のグローバルスタンダードとは

先ほどお伝えした通り、２０２０年の改革の２本柱は「学習指導要領」の改訂と、「大学入学共通テスト」の導入です。その具体的な詳細については後でご説明するとして、２０２０年の改革の背景にある時代の変化から考えていきましょう。

時代について語るとき、〝その時代を牽引している企業〟が求める人材像を知れば、その時代のグローバルスタンダードを知ることができます。そこで、１つの指標として、世界中の企業の「時価総額」のランキングを見てみましょう。上位は、いったいどのような企業が占めているのでしょうか？　上位の企業の業種を見れば、時代が求めている人材のイメージが浮き彫りになってくるはずです。

２０２０年11月の「世界時価総額ランキング」があります。そのデータによると、上位10位は左ページの図のようになっています。

ベスト10に、日本企業は残念ながら1社もランクインしていません。ではいったい、どのあたりの順位から日本企業が登場するのかというと、49位。ようやく、トヨタ自動車（１８６２億４０００万ドル）がランクインしています。

この事実を見て、あなたはどのように感じますか？

実は、これらの「世界時価総額トップ10企業」には、３つのキーワードが認められます。「デジタル」「ネット」「テクノロジー」。おそらく、今後もこの割合はさらに増えていくはずです。現代社会では、これら3つのキーワードを外しての経済活動（ビジネスや商売）は成立しなくなることでしょう。全産業、全職種において、多かれ少なかれそうなるはずです。

もちろん、世の中全体が一気に変わることは難しいでしょうが、早めに舵を切る企業や人ほど、メリットが大きいのは、火を見るより明らかです。「昔ながらのやり方だから」

世界時価総額ランキング

1	アップル（2兆149億7200万ドル）	ICT・通信（アメリカ）
2	サウジアラムコ（1兆8437億9100万ドル）	エネルギー（サウジアラビア）
3	マイクロソフト（1兆6922億1800万ドル）	ICT・通信（アメリカ）
4	アマゾン・ドット・コム（1兆6623億800万ドル）	サービス（アメリカ）
5	アルファベット（1兆1926億1100万ドル）	ICT・通信（アメリカ）
6	フェイスブック（8362億1900万ドル）	サービス（アメリカ）
7	アリババ・グループ・ホールディング（7816億5400万ドル）	ICT・通信（中国）
8	テンセント・ホールディングス（7572億1800万ドル）	ICT・通信（中国）
9	P&G（5742億3800万ドル）	一般消費財（アメリカ）
10	バークシャー・ハサウェイ（4929億9900万ドル）	金融（アメリカ）
⋮	⋮	⋮
49	トヨタ自動車（1862億4000万ドル）	一般消費財（日本）

日本国内では、トヨタ自動車（22兆1981億7200万円）のあとに
- ソフトバンクグループ（14兆1961億900万円）
- NTTドコモ（12兆5496億8300万円）
- キーエンス（11兆4915億6300万円）
- ソニー（10兆9384億2400万円）……と続く

※世界ランキングは2020年11月時点、国内ランキングは2020年10月末時点のもの

出所：Bloomberg

などという理由で、前例踏襲ばかりしていると、時代はどんどん先へと進み、取り残されることになります。時代とは変化し続けるものです。その証拠に、1989年（平成元年）時は、上位30社のうち、21社が日本企業で、金融関係・石油関係の会社が上位を占めていました。当時は、そのような企業群が求める人材が、グローバルスタンダードであったわけです。しかし、時代は変わりました。ではいったい、これからの子どもたちはどうすればよいのでしょうか。

世界で提唱されている、21世紀に必須のスキル

この大きな〝問い〟の答えとしては、21世紀を生き抜くための「21世紀型スキル」が必要だと、国内外で既に提唱されています。

2009年のこと。イギリス・ロンドンで、250人以上の研究者や専門家、医師によって構成される国際団体「Assessment & Teaching of 21st Century Skills」（ATC21S）が発足しました。この団体は、次の4つの領域の10種類のスキルを、「21世紀型スキル」として定義しています。それらは、ICT技術の発展や、グローバル化の進む21世紀以降の社

会で活躍するために必要なスキルです。

■思考の方法（Ways of thinking）
創造力、イノベーション（Creativity and innovation）
批判的思考、問題解決、意思決定（Critical thinking, problem-solving, decision-making）
学びの学習、メタ認知（Leaning to learn, metacognition）

■仕事のツール（Tools for working）
情報リテラシー（Information literacy）
情報通信技術に関するリテラシー（Information and communication technology literacy）

■仕事の方法（Ways of working）
コミュニケーション（Communication）
チームワーク（Collaboration）

■社会生活（Ways of living in the world）
地域と国際社会での市民性（Citizenship – local and global）
人生とキャリア設計（Life and career）
文化の認識や需要を含む、個人と社会の責任（Personal and social responsibility – including cultural awareness and competence）

アメリカでの動きもありました。2002年、非営利団体「21世紀型スキルパートナーシップ」（Partnership for 21st Century Skills）が発足し、すべての学生が21世紀に必要な能力を身につけられるよう「21世紀型スキル」が提唱されました。

日本で提唱されている21世紀に不可欠な能力

このような流れを受け、2013年、日本の「国立教育政策研究所」が「21世紀型能力」を定義し、文部科学省が提唱する「生きる力」を育むための具体的な方向性の1つとして、定められました。

この「21世紀型能力」は、日本の「学習指導要領」の理念である「生きる力」の獲得を目的としています。「基礎力」「思考力」「実践力」の3層から成っているのが大きな特徴です。具体的な内容は次の通りです。

■基礎力

「基礎力」とは、言語・数量・情報を〝道具〟として目的に応じて使いこなせるための力です。「21世紀型能力」の土台ともいえるでしょう。

従来の「読み・書き」「計算」に加えて「情報を扱う力」も必要なスキルとして挙げられています。

- ●言語スキル
- ●数量スキル
- ●情報スキル

■思考力

国立教育政策研究所は、「思考力」を「一人一人が自ら学び判断し自分の考えを持って、他者と話し合い、考えを比較吟味して統合し、よりよい解や新しい知識を創り出し、さらに次の問いを見つける力」と定義しています。

●問題解決・発見力・創造力
●論理的・批判的思考力
●メタ認知・適応的学習力

■実践力

これから先の見えない社会を生きていく子どもたちにとって、問題解決のための基本的なスキルや、自分で考え、他者と話し合うスキルに加えて、それらを実践につなげるためのスキルも必須です。例えば次のようなスキルです。

●自律的活動力
●人間関係形成力
●社会参画力
●持続可能な未来への責任

これからを生きる上で求められる「21世紀型能力」

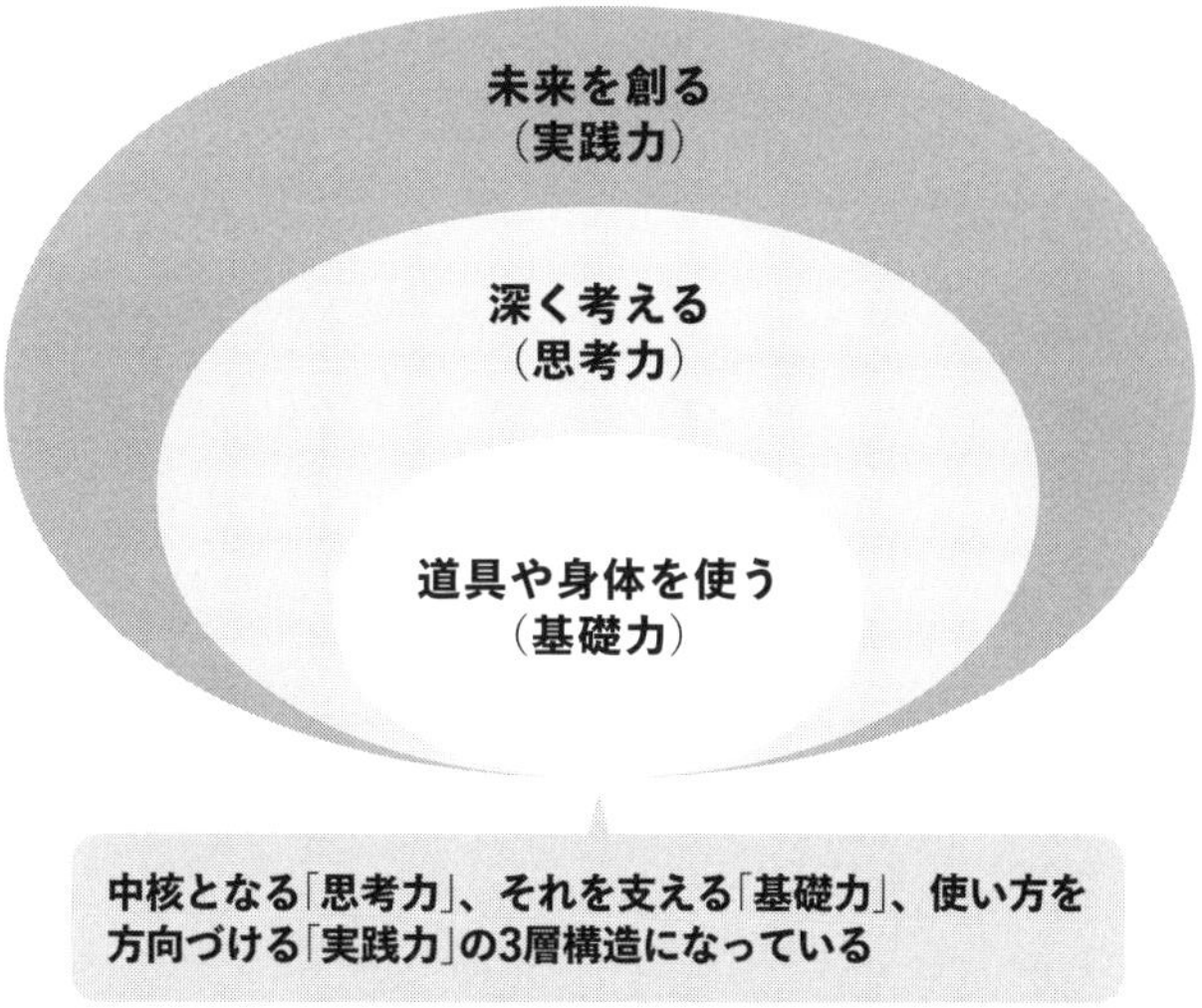
未来を創る
（実践力）
深く考える
（思考力）
道具や身体を使う
（基礎力）
中核となる「思考力」、それを支える「基礎力」、使い方を方向づける「実践力」の3層構造になっている

求められる力	具現像（イメージ）
未来を創る（実践力）	**自律的活動、関係形成、持続可能な社会** 生活や社会、環境のなかに問題を見いだし、多様な他者と関係を築きながら答えを導き、自分の人生を社会を切り開いて、健やかで豊かな未来を創る力
深く考える（思考力）	**問題解決・発見、論理的・批判的・創造的思考、メタ認知・学び方の学び** 1人1人が自分の考えをもって他者と対話し、考えを比較吟味して統合し、よりよい答えや知識を創り出す力。さらに次の問いを見つけ、学び続ける力
道具や身体を使う（基礎力）	**言語、数量、情報** 言語や数量、情報などの記号や自らの身体を用いて、世界を理解し、表現する力

出所：文部科学省「教育課程企画特別部会における論点整理について（報告）」

いったいなぜ「21世紀型能力」が必要なのか？

21世紀型能力は、この3種類の要素から成り立つ、とても大切なスキルなのです。

では、いったいなぜ、21世紀型のスキルが必要なのでしょうか？

2011年、アメリカ・デューク大学のデビッドソン教授は「将来、子どもたちの65％が今はない職業に就くだろう」と発言しました。つまり、未来になればなるほど現在からはとうてい考えられないような仕事が生まれていると予測されているのです。

このように変化する世界に対応するために必要とされているのが、21世紀型スキル。今はまだ存在しない職業への準備であり、情報化によって生まれる新しい職業に適した新しい教育だといわれています。

実際「昔あった職業が廃れ、昔になかった職業が生まれる」という動きは、よく見られます。例えば、「ユーチューバー」という新しい〝職業〟が生まれ、才能や好きなことを仕事にしやすい時代にもなりました。また、これからＡＩ（人工知能）がより一般化すると、新しい職業がより多く生まれてくるはずです。

これからの時代では、「嫌なことでも〝やるべきこと〟をやっていたら、給料は保証される」という〝常識〟が、もう通用しなくなっていきます。人間が苦痛を感じるような質の単純作業は、ＡＩに取って替わられる可能性が高くなります。

このような時代の変化を、いち早く知っておきましょう。

あらゆる分野で「21世紀型」への移行が問われている

1世紀進んだだけで、価値観は真逆になった

ここで少し立ち止まって「20世紀型」と「21世紀型」について、私なりの定義をしてみます。企業、学校、個人の生き方、能力……。実は、あらゆる分野に「20世紀型」と「21世紀型」という線引きを試みることができます。

■「20世紀型」キーワード

ローカル、アナログ、受信型、偏差値型、集団性、論理、反省、知識基盤型社会、ピラミッド型組織、男性型、人工的、気合、根性、努力

■「21世紀型」キーワード

グローバル、デジタル、発信型、価値型、個別性、感性、発想力、発散、ネットワーク型組織、コミュニティ、女性型、クリエイティブデザイン、自然的、楽しい、ワクワク感、おもしろい、ゆるい

今、企業運営も学校経営も、教育も、生き方も、「21世紀型というキーワードに沿っていれば成功しやすい」といわれるようになりました。ただ、ここで注意していただきたいのは、「20世紀型」のキーワードが必ずしも「すべて悪い」というわけではない点です。悪いのではなく、単に「古い」というだけです。

さらにいうと「21世紀型のキーワードだけを追求すればよい」という話でもありません。問題は、「20世紀型キーワード」だけで経営や教育を進めようとすることです。

「20世紀型」を基本にしていても、「21世紀型」のキーワードをちりばめるだけで、突然視界が開けるような異なった世界が広がっていくことになります。

さて、注目いただきたいのは、これらのキーワード群の対称性です。

20世紀型と21世紀型で、ほぼ真逆の言葉が並んでいます。これはどういうことかという

と、「価値観が180度ひっくり返った」という意味になります。現代の価値観は、旧来の昭和的価値観と、ほぼ真逆なのです。このように価値観がひっくり返ってしまった背景に「テクノロジーの進展」があることにお気づきでしょうか？

その境目の1つに2008年の「iPhone」の誕生があります。

このときから、成人している日本人のほぼ全員が1人1台のスマートフォンを所有し、果ては高校生や中学生まで、その大半がスマートフォンをもつ時代になったのです。

しかもこのような変化は世界的規模で進みました。これによって世界中の潮流が激変したのです。その変化は2つ挙げられます。

iPhoneが人類に及ぼした2大変化

1つ目は、「受信型」から「発信型」への変化です。

従来の人々は、テレビや新聞などの大手メディアから情報を得るのが一般的でした。特に〝昭和型〟の人に、その傾向は強く見られます。またそれまでは、そのような大手メ

iPhoneが普及し、「情報」を取り巻く環境が変化した

ディアを通して一斉に同様の情報を受け取り、同質の考え方ができる人を〝仲間〟として好み、異なった考え方をする人を〝異分子〟として認識する傾向にありました。

でも現在は、新聞を〝購読〟するのでなく、自分で気になる情報を取りにいく時代です。

さらにいうと、テレビよりも「YouTube」で動画を視聴したり「TVer」というアプリなどで過去1週間の好きな番組（見逃した番組）を無料で楽しんだりするようになりました。

2つ目は、「単一的な価値観」から「多

様な価値観」への変化です。

その結果どのような状況が生まれたかというと、世の中が「単一的な価値観」から「多様な価値観」をもつことを許容するようになりました。この傾向は、低年齢になるほど著しくなります。つまり、今の子どもたちの価値観は、とても多様化しています。

それはテクノロジーの進展によって必然的に起こっている変化です。でも、単一的な価値観を尊重してきた昭和型の人からすれば、信じがたい状況でしょう。

「みんなと一緒」では稼げない

このような変化は、単なる「時代の変化」ではなく、テクノロジーの急速な進展が加わったことで、元来は多様だった人々の価値観が、むきだしになったということでしょう。そして、この展開は、今後も加速していくことが予想されます。

この文部科学省が発表している「21世紀型能力」は、「基礎力」「思考力」「実践力」という3つの力で構成されています。驚くことに、その内容（85ページ参照）は、先にご紹介した「世界時価総額トップ10企業」（79ページ参照）が求める人材像と一致しているのです。

つまり、これからの社会を生き抜くには、「みんなと同じ作業をする」「みんなと同じ答えを出せる」ということもある程度は必要ですが、それだけでは、グローバルスタンダードには達しないということになります。

極論に聞こえるかもしれませんが、うんと噛み砕いていうと、「みんなと一緒」だけでは稼げなくなる世の中が、そこまで来ているのです。そして子どもたちが就職するころは、それが当たり前の世界になっている可能性が極めて高いということなのです。

これからの、理想の教育について

20世紀型教育とは

ではいったい、どのような教育がこれからの時代、理想的なのか。
新しい教育の世界を「21世紀型教育」、これまでの教育を「20世紀型教育」と名づけ、2つを比較してみましょう。

「20世紀型教育」とは、わかりやすく表現すると「記憶力競争」と形容できます。ですから、知的好奇心が非常に強い、ごく一部の子どもたち以外には、苦痛でしかなかったわけです。誤解を恐れずいえば、「つまらない場所」で小・中・高と最低でも12年もの時間を過ごすよう強いられてきたのです。

21世紀型教育とは

一方「21世紀型教育」は、「ワクワク感」「楽しさ」が基調にあります。とはいえ、このワクワク感や楽しさとは、「バラエティ番組を見ておもしろい」と感じるような楽しさとはまったく異なります。「知的に楽しい」という、人間が元来備えている「知的欲求感」に根差しています。その通りのことが実現できるかどうかは別として、方向性としてはこのようになっていると思われます。

「20世紀型教育」と、これからの新教育「21世紀型教育」を単純化して比べると、次ページの図のようになります。

このように「21世紀型教育」では、「考える力」や「コミュニケーション能力」「自分の意見をいう力」「チームワーク」などが重視されるようになります。

また「クリエイティビティ」（新しい考えを生み出すこと）や、人と異なる考えをもつことも大切になります。

20世紀型教育と21世紀型教育の比較

	20世紀型教育	21世紀型教育
教育力の基準	偏差値・大学合格実績	クオリティスコア
知の枠組み	知識の辞書 （知識定着度・ 要約型思考力など）	教養 （知識活用力、 創造型思考力など）
授業の型	講義型授業	反転×PIL×PBL型授業
問題解決型学習	教科別課題発展学習	学際的課題探求学習
進路指導	学歴を重視した 受験指導	国内外を問わず グローバル大学への進学

出所：本間教育研究所より一部抜粋

新しい時代の日本に求められる教育

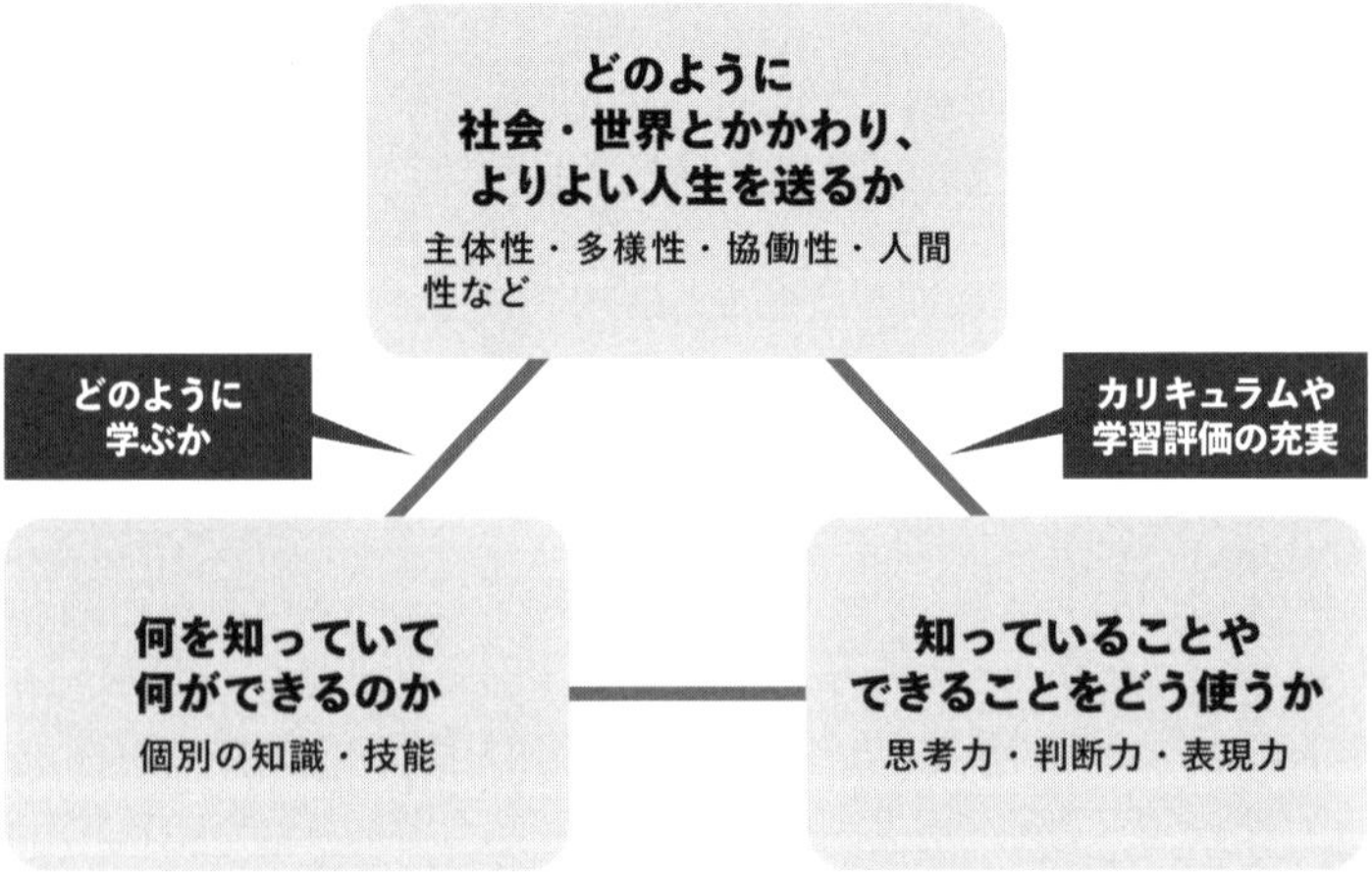

出所：文部科学省「教育課程企画特別部会における論点整理について（報告）」

それはどういうことかというと、「21世紀型教育」がグローバルな社会、21世紀の社会に適合する教育を目指しているということです。「世界時価総額トップ10企業」が求めるようなこれからの人材を育む方向性と、一致しているということです。もちろん、その教育は既に始まっています。

ただし、忘れないでいただきたいのは「20世紀型教育は時代遅れ」ではないという点です。21世紀には「20世紀型」と「21世紀型」の教育が混在しているととらえたほうが正確かもしれません。

「古いものがダメ、新しいものがよい」という善悪の問題ではありません。「従来の20世紀型教育だけに固執してきた時代が去り、21世紀型教育のキーワードを含めた新しい世界が来る」、そう理解してください。

前（88ページ参照）に見た「20世紀型教育」のキーワードのなかで、「論理」「知識基盤型社会」は今後も重視され、「ピラミッド型組織」「人工的」「偏差値型」「アナログ」といったワードは、薄く浅くなっていきます。

「21世紀型能力」のベースにも、読解力が必要

では、ここまでの話をまとめておきましょう。

新しい「21世紀型能力」とは、グローバル化やICT（情報通信技術）化が今後ますます進むことを見据え、子どもたちがこれからを生き抜くのに必須の能力を整理したものです。

この「21世紀型能力」は、基礎力・思考力・実践力の3層構造になっています。

とはいえ、「21世紀型能力」のベースになるのは「基礎力」です。昔から「読み書き」や「計算力」といった基本的な学力を身につけさせることが、学校教育の役割だとされてきましたが、それは今後も変わりません。

大きく変わるのは、「思考力」の部分でしょう。

思考力の中核は、「読解力」です。そこに「情報を使いこなすツール」として、小中学

校では「タブレットを使った学習」が加わるということです。

「読み書き」や「計算力」といった超基礎の学習は、いつの時代でも学びます。しかし、これからは「思考力」がかなり重視されるということを、念頭に置かれるといいでしょう。

「知識偏重型」から読解力、思考力重視へ

「答えは1つ」ではなくなった

2020年を境に学習指導要領が変わり、さまざまな大きな改革といわれるものが注目されています。

これまでの教育では、「唯一の、同じ正解」を出すため、たくさんの児童たち、生徒たちが必死に答えを探していました。それなのに、今では「人と異なる見方や考え方のほうが重要である」という、真逆の状況になってしまったのです。もし人と同じ考えや意見ばかりであれば、「別に君でなくてもいいよ。ほかにもたくさんいるから」といわれる可能性もあるのです。

今後は「人と異なる意見」が重視される

さらに、ＡＩ（人工知能）はそのようなパターン化できるものが大得意です。

このため、ＡＩにとって代わられることすらあるでしょう。ですから、多くの児童・生徒は困惑するかもしれません。しかしこれが21世紀なのです。ただ、本質的に見てみると、実はこちらのほうが楽しいし、人間的といってもいいでしょう。

人はみな違っているのだし、価値観や考え方が違っているのが本来の姿であって、同じであることのほうが怖いことなのです。

読解力が、より一層求められる時代

新しい「21世紀型」では、これからの子どもに「思考力」や「判断力」「表現力」などの能力が問われることになります。それらの力の前提として、「読解力」が必要であるといってもいいでしょう。なぜなら、意味が理解できなければ、思考も判断も表現もできないからです。

ところが残念なことに、第1章でも見た通り、現在、子どもたちの読解力は想像以上に低下しています。教科書が読めない、理解できていない子どもの成績が上がらなかったり、勉強が嫌いになったりするのは、当然の結果です。

人間がAIに勝てる、唯一の方法

次のような驚きのデータが発表されています。

「今後10～20年間にかけて、現在日本国内で担われている職業の49％が人工知能などのロ

AIによる代替可能性が高い労働人口の割合

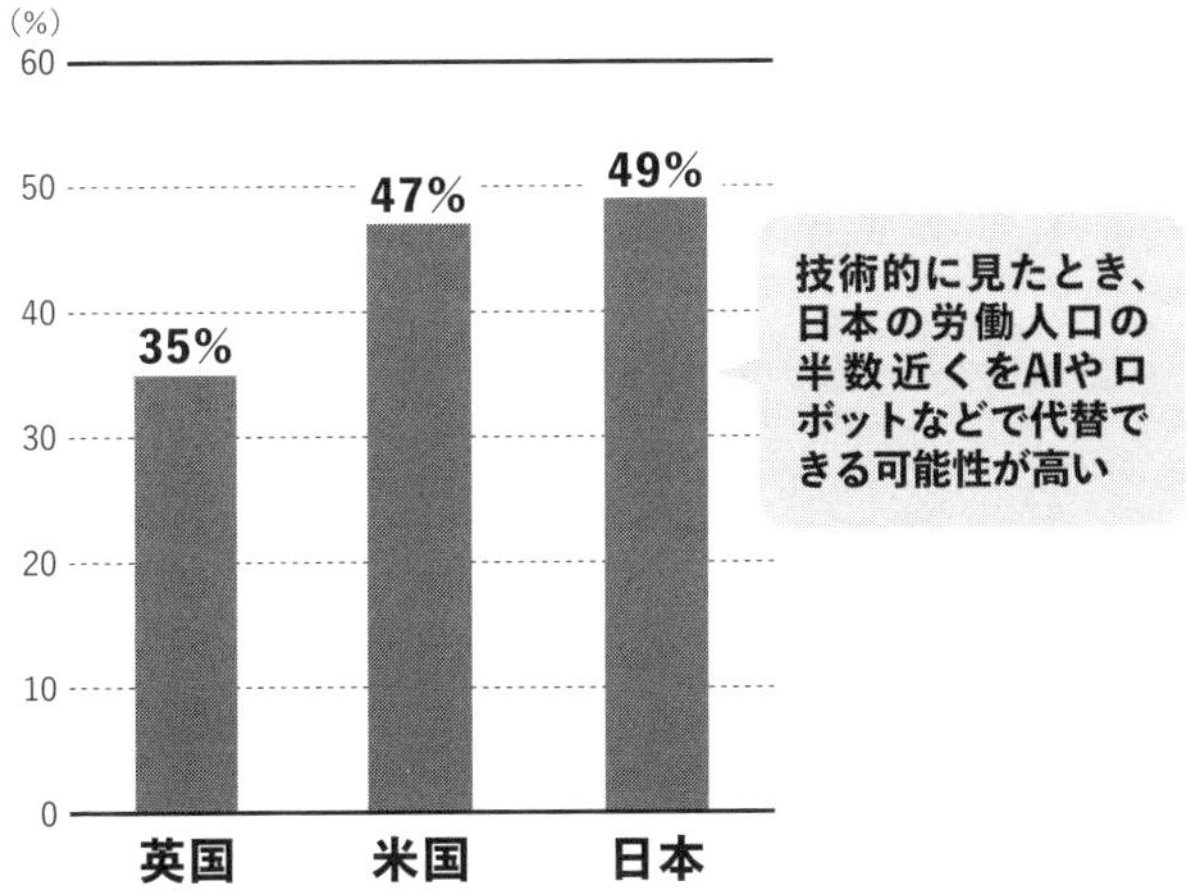

職業ごとの代替可能性

代替可能性が高い職業の例

・事務員
・検収・検品の係員
・宅配便の配達員
・電気通信技術者

➡必ずしも特別な知識やスキルが求められない職業や、データの分析や秩序的・体系的操作が求められる職業

代替可能性が低い職業の例

・作詞家・作曲家
・学芸員
・医療ソーシャルワーカー
・美容師

➡抽象的な概念(芸術、哲学など)を整理・創出するための知識が要求される職業や、他者との協調・サービス志向性が求められる職業

出所：野村総合研究所〈NRI未来創発センター〉

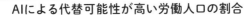

ボットによって代替できる可能性がある」（２０１５年2月、野村総合研究所〈ＮＲＩ未来創発センター〉）。

調査の中心になったのは、イギリス・オックスフォード大学のマイケル・Ａ・オズボーン准教授とカール・ベネディクト・フレイ博士。２人がそれまでイギリス・アメリカで同様の調査をしてきた研究の「日本国内版」として分析したものとされています。この発表を受け、日本でも議論が沸き起こったので、ご存じの方も多いのではないでしょうか。「約半分もの職業が人工知能に奪われてしまう！」「半分以上の職が消滅する！」

確かに、人工知能の技術の進歩や人口減少の社会問題もあり、そのような流れが加速するのは間違いないでしょう。しかしすべての職業が人工知能に代替されるわけではありません。なぜかというと、「人工知能は意味を理解できない」からです。

人工知能は、膨大な情報から「将来使えそうな知識」を見つけること（＝学習）は可能ですが、「意味を理解した上で答えを出すこと」は、まだできないとされています。

つまり、私たちはこの「意味を理解する力＝読解力」を磨くことで、ＡＩとまったく違う土俵で闘えることになります。

このようにＡＩ時代は、読解力を高めるメリットが、ますます大きくなるのです。

第3章

「本を読みなさい」という前にやること

読解力は、家庭で育むのが最も効率がいい

新教育では、読解力がますます必要になる

ここまでで、2020年から始まっている教育の大改革以降、読解力はより一層大切になることがおわかりいただけたことでしょう。

それでは、いったいどうすれば読解力を身につけることができるのか。第3章では、そんな疑問に対して、お答えしていきます。

まず、ご理解いただきたいのは「読解力とは、家庭で育むのがいちばんよい」という大前提です。子どもの身近にいる保護者が、コミュニケーションを少しずつ積み重ねる感覚で、養ってあげてほしいのです。時間はかかりません。お金もかかりません。

また、教える側の大人に、特別な技能や才能が必要というわけではありません。

ですから、読解力を身につける訓練は、どなたでも、今すぐにでも始められます。
詳しい方法については、次の４章で具体的にお伝えします。

とはいえ、学校で読解力を育んでもらうのは難しい

「読解力は、家庭で育むことができる」というお話をすると、このような質問をよくいただきます。

「読解力を伸ばすための授業って、学校ではしてもらえないのですか？」

この問いに対しては、残念ながら「難しい」とお答えするしかありません。少なくとも、２０２０年の教育大改革以前については、「読解力を伸ばす授業」は、学校ではできていなかったといえます。

もちろん学校によっては、また先生によっては、効果的な授業を展開している方がいたかもしれません。しかし、これまでさまざまな授業を視察してきましたが、「子どもたちに読解力をつけている」「子どもたちの読解力を伸ばしている」と感じる授業に出会ったことは、一部の授業を除きほぼ皆無という状態でした。

だからといって、教育大改革以降は「読解力を伸ばすための授業」を学校に期待してよいのかというと、やはり疑念が残ります。

確かに「学習指導要領」では、子どもたちの思考力をつけることの重要性が説かれてはいます。しかし、授業方法については個々の先生に委ねられることになります。

教育の現場にはさまざまな先生がいて、資質も、考え方も、キャリアも異なります。これまでの先生と人物が変わるわけではないため、そう簡単に「読解力を伸ばす授業」ができるとは思えません。また、そのような先生に読解力をつける授業をお願いすることも酷かもしれません。

「アクティブ・ラーニング」の落とし穴

今後、授業の形式は一方的な「講義型」よりも「探求型」のものが主流になっていきます。例えば、「アクティブ・ラーニング」というグループ学習が増えていくことが予想されます。この「アクティブ・ラーニング」による読解力の養成は、ある程度は期待できるかもしれません。なぜなら、一方通行で一斉授業型の「講義型」の授業より、少人数でコミュニケーションを取りながら学ぶ「探求型」のほうが、読解力は育まれやすくなるからです。

しかし、この形式にもやはり問題点はあります。

例えば、グループ内で「発言する子」はいつも同じであったり、「受け身がちな子」はいつまでも受け身のままであったり。ですから、すべての子どもたちが等しく読解力を伸ばせるとは限りません。そうなると、「アクティブ・ラーニング」だからといって、読解力が向上するとはいい切れないでしょう。

もし、グループ内に「意見を引き出す役」（ファシリテーター）がいれば、全員ほぼ平等に「考える力」や「読解力」を引き出すことはできるかもしれません。しかし実際に、子どもにそのようなファシリテーターの役が務まるとは思えないため、難しいでしょう。

むしろ、グループワーク型での「アクティブ・ラーニング」の場合、参加する子ども自身が新しい学び方にとまどい、悪くすれば学び方が理解できずに無駄な時間を過ごすことにもなりかねません。

そうならないためにも、学校の「アクティブ・ラーニング」のベースとして、家庭での「子どもとの接し方」が大切になってきます。

私は、アクティブ・ラーニングを、「対話的形式をつくることで、考える力を引き出し、学びへの好奇心を引き出す方法」と定義しています。そして、それは家庭でも十分行えるととらえています。

具体的な方法は次の章に譲りますが、「アクティブ・ラーニングという新しい考え方、あり方を日常生活のなかで習慣化すること」こそが、本書で最もお伝えしたいことの1つです。

学校という教育現場に任せっきり、頼りっきりにするのではなく、家庭を読解力養成の場にしたほうが、はるかに効率的でしょう。

塾に読解力を育んでもらうのも、やっぱり難しい

「学校に期待をしすぎず、家庭を読解力養成の場にしたほうがいい」というお話をすると、このような質問をよくいただきます。

「塾では読解力は養成されないのでしょうか?」

一口に塾といっても、全国にはさまざまな形態、規模、特徴の塾があるため、一般化して答えることは容易ではありませんが、私はこれも「難しいでしょう」と答えています。

入塾したときから、子どもの学力をぐんぐん上げていく塾であれば、期待できるかもしれませんが、オール3のゾーンで入った子が卒業段階でもオール3のゾーンであれば、それは成長していないことになります。

そのような塾であれば、おそらく読解力を含めた学力をつけているとはいい難いものがあります。また、すでに読解力をもっているトップ層の子をたくさん入塾させ、それを実績の広告塔に使うというのは大手の塾では常套手段であるため、一見、塾に入ると学力が上がり、読解力も上がるのではないかと錯覚するのです。

その塾がどの程度、子どもたちの学力を引き上げたのかという点を見てみてください。引き上げる前と後での学力の幅が大きい塾には、読解力を伸ばせる可能性があります。もし、そうではないのであれば、塾を通じて読解力が上がるという期待はしないほうがいいでしょう。

また、塾の講師というのは、自身が高学歴、つまり「受験戦争の勝ち組」であることが多いものです。受験戦争を勝ち抜いてきた人は、読解力が生まれつき高かったり、勉強が得意だったり。要は「読解力が低い人」「勉強ができない人」の気持ちがわからないことが少なくありません。

少し想像していただきたいのですが、「もともと読解力の高い人」は、大量の文字が並んだ国語の問題文が、「読解力の低い人」にとって、どのように見えているかがわかりません。見え方がわからないわけですから、子どもの読解力をどうやって引き上げていくのか、その方法を知りません。

逆説的に聞こえるかもしれませんが、「その人の学歴」と「教え方のうまさ」に、相関関係はあまりないのです。ですから塾の講師が「読解力を伸ばせるかどうか」という点については、どの先生が教えてくれるのかという吟味が必要となります。

この話は、家庭教師についても当てはまることです。単に学歴が高い先生だからという点だけで選ぶと、学力が伸びない理由を、子どもの責任にすることがあります。子どもの学力が上がらないのは、子どもの問題ではなく、指導者の問題です。ですから、誰が教えてくれるのかという視点は教育では大切になります。

学校や塾で、たまたま読解力を高めてくれる先生に出会えればラッキーですが、それとて、どの程度の確率で出会えるかわかりません。不確実なことに子どもの教育を任せるのは、リスクが高すぎるでしょう。そこでいちばん確実なことは、「家庭で養ってしまう」ということになります。

ぜひ、親御さんには、考え方をそう切り替えてもらいたいのです。そして、家庭で対話的な学びの取り組みを行うことをおすすめします。

読解力を上げる前に必要なこと

親の〝思い込み〟が子どもをつぶす

「家庭で対話的な学びの取り組みを」とお話しすると、次のような質問をいただくことがあります。

「親である私自身、読解力がないのです。また、誇れるような学歴もありません。だから教える自信も、ありません」

親御さんのなかには「読解力」、ひいては「勉強」「学歴」に対するコンプレックスを抱えていらっしゃる方もいるようです。そのような場合、子どもが「読解力」どころか「勉強全体」に対して否定的になることが珍しくありません。

一方で、親が子どものころから本が好きで、読解力が当たり前についている場合、子どもも同じようになるだろうと思い、子どもにプレッシャーを与えてしまう場合もあります。いずれのケースも、親の「思い込み」が背景にあります。思い込みとはやっかいなもので、実態を反映しない単なる幻想なのです。その幻想が、やがて子どもへの思い込みへと転移することもあります。

ですから、まずは思い込みがあれば外してしまいましょう。思い込みを外すための方法は2つあります。

（1）親の視点ではなく、子どもの視点で見る

前記の例は親の考えを子どもに反映させた例ですが、そうではなく、「子どもの現状を理解し、そこから始めていく」ことをおすすめします。例えば、子どもが本嫌いであれば、本を読ませることから始めるのではなく、本を読みたくなることから始めるということです。親視点だと、単に「本を読ませる」になりますが、子ども視点だと、「読む前に読みたくなる段階が必要」ということです。

（2）子どもとともに楽しんでいく

子育ては、大変な一大〝事業〟です。そう簡単に進みません。親は親としての役割を演じていきます。その過程で、無理をしたり、親としての体面を維持したりすることがあります。しかし、親もすべてははじめてのこと。まったく気負う必要はありません。子どもとともに成長し、学んでいけばいいのです。できれば、そのときに「楽しむマインド」を忘れずに行うといいでしょう。

35年もの間、私を苦しめた「音痴」という〝思い込み〟

思い込みといえば、かつて私にもある強烈な思い込みがあり、35年も悩まされ続けてきました。それは「音痴である」という〝思い込み〟です。

わかりやすい例なのでご紹介しておきましょう。ちょっとした息抜きと思って読んでください。

私は、42歳まで歌を歌うことに苦手意識がありました。「自分は、歌がまったくダメ」と否定的にとらえていたので、カラオケなどに行ったこともありませんでした。

いったいなぜそうなったのかというと、7歳のとき、親戚のおじさんから「お前は音痴だな」といわれてしまったからです。50代半ばの今でも、そのときの雰囲気やおじさんの表情、声のトーンまで鮮明に覚えています。

それから「私は音痴だから、人前で歌は絶対に歌わない」と決め、過ごしてきました。ですから、学校の音楽の授業で、歌を皆の前で歌うことが苦痛でたまりませんでした。でも、大人になってからある合唱団に入ったことがきっかけで、その〝思い込み〟がきれいに消えたのです。トラウマ解消です。

「歌が嫌いなのに、なぜ合唱団に入ったのか」といえば、「教育を主業にしている以上、音楽教育というものも知っておかねばならない。そのためには、自ら実践することが必要だ」と考えたからです。

合唱団で歌を教えてくれるのは、プロの先生です。その先生の前で、はじめておそるおそる歌ったとき、私は、先生にこういわれたのです。

「石田さん、全然音痴じゃないよ。ちゃんと音程、取れてますよ」

私は驚きました。しかし相手は歌のプロです。その評価は信じてよいでしょう。

さすがに「歌がうまいですね」とはいわれませんでしたが、客観的に見て「音痴」ではないのだと知ることができ、今では著名な歌手のバックコーラス隊として歌っています。


つまり私は、7歳から42歳までの35年間、「自分は音痴だ」と思い込んだ状態で、重いコンプレックスを抱えながら生きてきたのです。それはなんと〝単なる思い込み〟だったわけです。


このように〝思い込み〟で自分を縛っている人は、世の中に数多く存在するはずです。

しかし、そのような〝思い込み〟には何のメリットもありません。

何かを生み出すこともなければ、何の得にもなりません。

それどころか、〝思い込み〟が子どもに受け継がれると、コンプレックスが連鎖してしまい、拡大再生産する可能性すらあります。それほど残念なことはありません。

悩んでいるときは、「文字に親しむ環境づくり」に精を出す

話を本題に戻しましょう。

「自分には読解力がない」と思い込んでいらっしゃる親御さんは、どうすればいいのでしょうか。

今から自分が読解力を体得し、自信をつけてから、子どもにそれを教えるべきなのでしょうか。

そんな必要はありません。親御さん自身が考え方を変えれば、それで十分です。

「自分の読解力は、子どもに影響しない」

そう考えるようにしてください。

この問題は単純なものではないので、あまり一般化して語ることはできませんが、次のようにいえます。

「親自身が、自分は読解力が高いと思っているなら、それを子どもに求めてはいけません。逆に読解力が低いと思っているなら、劣等感を抱く必要はまったくありません」

なぜなら、親と子は別人格だからです。

能力的な側面で見るならば「遺伝の可能性もある」という論証も存在しますが、「遺伝以上にその後の〝環境〟による影響力のほうが圧倒的に大きい」という知見もあるからです。

これは私なりの解釈でいえば、「環境を整えることが効果的」ということです。

例えば、子どもが小さいときは「ビジュアル要素の多い本」を用意しておくとよいでしょう。図鑑や絵本などです。それも、子どもの興味関心を引きそうなトピックやテーマのものが望ましいです。

子どもはいったん興味をもつと、自力で読んだり調べたりしようとします。

ですから、興味をもちやすいような「環境」を整えておくと、文字への心理的なハードルが低くなります。

●この本をどこでお知りになりましたか?(複数回答可)

1.書店で実物を見て　2.知人にすすめられて
3.SNSで(Twitter:　Instagram:　その他　)
4.テレビで観た(番組名:　)
5.新聞広告(　新聞)　6.その他(　)

●購入された動機は何ですか?(複数回答可)

1.著者にひかれた　2.タイトルにひかれた
3.テーマに興味をもった　4.装丁・デザインにひかれた
5.その他(　)

●この本で特に良かったページはありますか?

[　]

●最近気になる人や話題はありますか?

[　]

●この本についてのご意見・ご感想をお書きください。

[　]

以上となります。ご協力ありがとうございました。

郵便はがき

お手数ですが
切手を
お貼りください

150-8482

東京都渋谷区恵比寿4-4-9
えびす大黑ビル
ワニブックス書籍編集部

お買い求めいただいた本のタイトル

本書をお買い上げいただきまして、誠にありがとうございます。
本アンケートにお答えいただけたら幸いです。
ご返信いただいた方の中から、
抽選で毎月5名様に図書カード(500円分)をプレゼントします。

ご住所　〒

TEL(　　-　　-　　)

(ふりがな)
お名前

年齢
歳

ご職業

性別
男・女・無回答

いただいたご感想を、新聞広告などに匿名で
使用してもよろしいですか?（はい・いいえ）

※ご記入いただいた「個人情報」は、許可なく他の目的で使用することはありません。
※いただいたご感想は、一部内容を改変させていただく可能性があります。

このような環境づくりに、親の読解力は必要ありません。必要なことがあるとしたら、それは「観察力」です。ぜひ文字に親しむ環境を整えてみてください。

「読書は読解力を伸ばしてくれる」という幻想

読書に過大な期待をしてはいけない

とはいえ、気をつけてほしいことがあります。

「文字に親しむ環境を整えましょう」といった途端、お子さんに読書を強要する親御さんがいます。子どもに「文字に親しむ環境を整えること」は「読書を強要すること」と同じ意味ではありません。

読解力を高めることを目標とする場合、驚かれるかもしれませんが、「読書」がその妨げになることも珍しくありません。ここに、世の多くの大人の〝誤解〟があります。

読書の効用については、昔から多くの専門家がさまざまなことを指摘してきました。

「情緒が安定する」「想像力が豊かになる」「ストレスが軽減する」「自分に自信がつく」「書

く力が向上する」「語彙数が増える」などなど、読書による効用はたくさん知られています。「読解力を伸ばせる」という期待を抜きにしても、「わが子に読書をさせたい」という親が多いのは、よくわかります。

実際、私がこれまで行ってきた4000人以上の保護者面談のなかで、質問を多い順に挙げると、1位が「うちの子勉強をしないのですが、どうしたらよいでしょうか」、2位が「数学（算数）ができない」、3位が「本を読まない」。つまり「読書」については、多くの保護者が関心を寄せていることが浮き彫りになっています。

ではいったいなぜ、多くの親は「わが子に読書をしてほしい」と願うのでしょうか。

その疑問についても、多くの保護者面談で親御さんにうかがってきました。するとその理由は、「国語ができないから」「読解力がないから」という2点に集約されるのです。要は、親御さんは国語の成績や、読解力を上げるために「本を読んでほしい」と考えていらっしゃるようです。

しかし、結論から明言させてもらうと、単なる「読書」にそんな効果を期待するのは〝お門違い〟です。

「国語の成績を上げるため」「読解力を上げるため」に、読書をする必要なんてまったくありません。

「読書をすると、読解力が高まる」というのは〝神話〟にすぎません。

「読書好き」は、文字への抵抗がない

確かに「国語の成績がよい子」に「読書好き」が多い傾向はあります。その理由について、お話ししておきましょう。

まず、本をよく読む子は、活字に目が慣れています。活字への恐怖心や嫌悪感がありません。これは、読解力を育む上で、非常に有利なスタートラインに立っていることになります。なぜなら、読解力のない子は、活字を見ただけで嫌になったり、怖くなったり、逃げ出したくなったりするからです。

私は今まで数多くの子どもたちに接してきましたが、このような相反する2つの傾向は常に顕著に感じます。

その上、本をよく読む子は、文章中の「重要なところ」と「そうでないところ」を一瞬

で見分けることに長けていることが多いものです。

反対に、そうでない子は文章中の文字や単語が「同じ重要性」で視界に飛び込んでくるように見える。だから、意味をとらえることが難しいし、何より通読に大量の時間がかかってしまい、途中で疲れ果て、投げ出してしまうというわけです。

読書好きな子は「活字に目が慣れている」、そして「重要なところとそうでないところを一瞬にして見極められる」。だから自然の流れとして、国語の成績がよくなることが多いのです。

でも、すべての「国語の成績がよい子」が「読書好き」というわけでは決してありません。反対に「読書をしない」のに、「国語の成績がよい子」だって存在します。

つまり、読解力を高めるために、必ずしも読書が必要だというわけではないということです。

むしろ『読書』と『国語の成績』の間の相関関係は絶対ではない」ととらえるよう、おすすめしたいのです。「読書をすると読解力が高まる」という思い込みを、まず手放してしまいましょう。

確かに、数多くの本を読むことには、語彙が増えたり読解力が鍛えられたり感受性が豊かになったりと、数えきれないほどのメリットがあります。その延長線上で、「国語が得意になる」と考える人がいても不思議ではありません。

しかし、ただの趣味や娯楽として読書を楽しんでいるだけでは、国語のテスト問題をスムーズに解くコツはつかめません。

さらに、試験では問題文を読みながら「問われているのは、このこと？」と内容を推測しながら、読み進めていかなければなりません。

「問い」や「問題文」のなかに理由（根拠）を見つけ出して、正解までの道筋を根気強くたどれる力こそ、国語のテストにおいては求められているのです。

「読書好き」なのに国語の成績が下がる理由

私が指導したなかに、非常に本好きな生徒がいました。仮にSさんとしましょう。Sさんは小学生のときから本好きで、休み時間も本を読んでいるような子どもでした。

Sさんの国語の成績は、当然、非常に素晴らしいものでした。特に読解問題については、

読書をしてきたにもかかわらず、国語の成績が下がってしまう

常にトップ。「勉強」という勉強はしていませんでしたが、教科書の国語の文章自体に興味があるので、問題や問いの内容も一度で理解できます。正しい答えを導き出すことも、お手のものでした。

ですがSさんの国語の好成績は、ずっと続いたわけではありませんでした。

中学、高校へ進学し、いざ大学受験のための国語を勉強する時期になったとき。Sさんの国語の成績は「本をまったく読まない生徒たち」に、いとも簡単に抜かれていったのです。

多くの親御さんが「まさか?」「なぜ?」と首をひねりたくなる、このような事例は山ほどあります。

本は、大きく2つのジャンルに分けられる

Sさんのように、幼少時から読書好きで、本に慣れ親しんでいたにもかかわらず、「国語が苦手になった」のはなぜでしょう。そこには、もちろんいくつかの原因が考えられますが、最大の理由について挙げておきましょう。

それは、「読むジャンルが偏っているから」という理由です。

テストに関係する本のジャンルは、大きく分けて「小説・物語系」と、「説明文・論説系」の2つに分類できます。

「読書好きで国語が苦手」という子は、「小説・物語系」の本ばかりを読む傾向があります。反対に、「読書好きで、かつ国語が得意」という子は、「説明文・論説系」を好んでいることが多いのです。

少し想像していただきたいのですが、「小説・物語系」と「説明文・論説系」では、文

章の構造が根本的に異なります。

つまり、「文字で書かれたもの」という共通点はあるにせよ、読んでいるときの〝思考のプロセス〟が両者はまったく違うのです。

国語の成績を伸ばす読書と、そうでない読書がある

具体的に分析してみましょう。

「小説・物語系」の基本的な文章構造は、時系列に沿っていることが多いものです。登場人物たちになんらかの出来事が起こり、心情が変化する様子を描写しています。

一方、「説明文・論説系」は基本的に「序文・本論・結論」という構造で成り立っています。また論理的展開が明確です。論理的な思考力が備わっていないと、国語のテスト問題を読み解くのはなかなか難しいことでしょう。

「読書好きの子」が、どちらのタイプの本を好むかで、国語の成績が変わってくることが少なくありません。

「小説・物語系の本が好き」という段階でとどまっていたら、国語の成績は伸び悩む確率が高くなります。

一方で、「小説・物語系」から「説明文・論説系」の本に興味が徐々に移っていく場合、国語の成績はアップする確率が高くなります。

実際、大人の例を出して考えてみましょう。

「幼いころから読書が大好きだったけれど、読むのは物語や小説だけだった。その後、説明文や論説系の本を読むことはなく、大人になってからは推理小説にハマっている」

そのような大人は「私は小さいときから読書好きだったのに、国語の成績はよくなかった」、そうおっしゃるケースが非常に多いのです。

もちろん、そのような読書歴が悪いわけでは決してありません。小説や物語に浸ることも、人生の大きな醍醐味の1つです。ただ、そのような「読書の楽しみを堪能すること」と、読解力を養ったり、国語で得点できたりするようになることは、まったく別の次元の問題なのです。

「小説・物語系」と、「説明文・論説系」という分類について、もう少し詳しくお話ししておきましょう。

４０００人以上の子どもたちを指導してきた私の経験からの考察ですが、性別によっても、どちらを好むか、傾向があるように感じます。

女の子は「小説・物語系」を、男の子は「説明文・論説系」を、好むように見受けられるのです。したがって、国語で小説・物語を扱うことが多い小学生のころは女の子が国語が得意で、大学受験のころになると説明文・論説文が中心となり、男の子が国語で上がってくるというのは、そういう背景もあるかもしれません。

また、性別にかかわらないところでいうと「数学が得意な中学生は『説明文・論説系』の本を好む」という傾向があります。「説明文・論説系」の文章を読み解く力と、数学を説くときの力は、かなりの程度まで共通しているといわれており、そのような現象が起こります（数学が得意な子が皆、そのような本を読むという意味ではありません）。

読解には「論理を組み立てるようなロジカルな力」が必要になってくるため、「小説・物語系」の本だけでは、国語が頭打ちになるという理由はここにあります。

そこで、ご紹介しておきたい理論があります。
「小説・物語系」と、「説明文・論説系」を、なぜ違うものとして分類しているのか。
読解力を身につけたいとき、なぜ「説明文・論説系」の本を読むことが役立つのか。
この理論を知れば、すんなりと納得していただけることでしょう。

人には「8種類の知能」があると知っておく

ガードナー教授の「多重知能」という概念

ハーバード大学のハワード・ガードナー教授が1983年に発表した「多重知能（Multiple Intelligences＝以下ＭＩ）」という理論をご存じでしょうか。ガードナー教授は、「知能」についての考え方を大きく前進させました。

「知能」という言葉を聞いたとき、多くの人は「知能」という単一のものをイメージされることが多いことでしょう。

例えば「ＩＱ」という言葉がありますが、「ＩＱ」とは、知能を測るための指標の1つです。しかし「1つの指標だけで人間の知能が測れるのか」という疑問は、常にありました。

そこで、数多くの専門家たちが議論を重ねた結果に生まれたのが、ガードナー教授の「多重知能」という概念なのです。

ガードナー教授は「知能は単一のものではなく、複数ある」と発表しました。また、人間の知能を「8つの知能」に分類し、提示してくれています。

彼の理論によると、すべての人間は次の「8つの知能」を備えているそうです。ただし、そのバランスは人それぞれで、千差万別です。

（1）言語的知能（Verbal-Linguistic）
（2）論理・数学的知能（Logical-Mathematical）
（3）空間的知能（Visual-Spatial）
（4）音楽的知能（Musical）
（5）身体・運動的知能（Bodily-Kinesthetic）
（6）対人的知能（Interpersonal）
（7）内省的知能（Intrapersonal）
（8）博物学的知能（Naturalistic）

「小説・物語系」を読むときは「(1) 言語的知能」が、「説明文・論説系」を読むときは「(2) 論理・数学的知能」が必要になります。

また「8つの知能」のうち、読解力を養いたいときに注目してほしいのは、「(2) 論理・数学的知能」です。

「言語的知能」と「論理・数学的知能」

「言語的知能」は、話をしたり、文字や文章を書いたりするなど、言葉をうまく使いこなす知能のことです。言葉を使って人を説得したり、情報を記憶したりすることも、これに当てはまります。主に「小説・物語系」を読むときに求められる知能です。

この知能が発達していると、言語の配列や、構造、音、意味、また言葉の特質などを巧みに使いこなすことができます。

「論理・数学的知能」は、論理的なパターンや相互の関係、仮説や因果関係、抽象的な概念に対応できる知能のことを指します。主に「説明文・論説系」を読むときに求められる

「言語的知能」の発達と「論理・数学的知能」の発達

言語的知能

話をする、文章・文字を書く、情報を記憶することなどに関係する知能

言語の配列や構造、言葉の特性などを使いこなすことができる

論理・数学的知能

論理的な規則性、相互関係や因果関係、抽象的な概念に対応する知能

数字の意味の把握、論理の組み立てや論証などができる

↓ どちらが発達しているのかによって好むことや得意なことが異なる

	好むこと	得意なこと
言語的知能が発達した子ども	・話をすること ・文字や文章で書かれたものを読むこと ・文字や文章を書くこと	・ものや人の名前、年号、人の誕生日などを覚えること ・雑談や会話に出てきたエピソードなどを覚えること
論理・数学的知能が発達した子ども	・「なぜ」という疑問をもつこと ・質問すること ・計算をすること ・物事のパターン(規則性)や関係を探ること ・明確な手順、目的、意図をもつ実験を行うこと	・人の話や「事実」を聞いたときに、内容の整合性に着目して「本当にそうなのか」「この場合はどうなるのか」「なぜそうなったのか」などと考えること

読解力と関係する知能は「論理・数学的知能」

知能です。
この知能が発達している人は、数字の意味をとらえて操作したり、論理を組み立てたり、論証したりすることもできます。

読解力と関係があるのは「論理・数学的知能」

このガードナーの理論の大切な点は、「8つの知能」のすべてを高いところにもっていくように努力することではありません。8つの知能のバランスは人によって異なっているのが自然です。また、異なっているからその人の個性にもなるのです。

ただ、子どもの読解力を伸ばしたいという場合は、「(2) 論理・数学的知能」が深く関わっているということを知っておくといいでしょう。

少なくとも「(1) 言語的知能」と「(2) 論理・数学的知能」は異なる知能だと理解してください。そうすることで、「小説・物語系」を好む子になぜ読解力がつきにくいのか、納得できるようになるはずです。

ここまでお話しすると、「読解力を養うために読書を活用したい」という場合に、どうすればよいのか、答えはもうおわかりでしょう。

お子さんが読書好きであるならば、その本のジャンルに注目してあげてください。もし「小説・物語系」から入っている場合は、「説明文・論説系」の本にも興味を示すよう、図書館などに連れていったり、本を入手したりしてみるといいでしょう。

とはいえ、子どもがそれを拒む場合は、無理やり読ませることはしません。子どもが「小説・物語好き」でそれ以外、関心を示さなければ、それを尊重してあげましょう。小説や物語を読むことにも、活字慣れをしたり、語彙を学んだり、さまざまな効果はあります。

このように、読む本のタイプによって使う能力が異なっていくということですが、いずれも子どもが読みたい、知りたいという気持ちがあることが前提となります。その場合は、進めてみてください。しかし、そもそも本を読みたくないという場合もあります。その場合は、第4章で紹介する「読書せずに読解力をつける方法」を使ってみてください。そのような方法を通じて、結果として子どもが本を読みたくなるという状況になれば、理想的ではないでしょうか。

読書よりも「なぜ?」と考える瞬間を増やすことが大事

読書を子どもに強要するのは、危ない

読書を子どもに押しつけることには、さまざまなリスクがあります。まず、多くの時間を無駄にしてしまう危険性があります。また、最悪の場合は、子どもに読解力をつけられないどころか、読書嫌いにさせてしまう恐れもあります。子どもには、「親がすすめること」と真逆の方向に進みたがるという〝習性〟があるからです。「説明文・論説系の本を読むといいそうよ」と、子どもに大量の本を与えたところで、余計に読まなくなり、活字から遠ざかることも想定されます。それほど惜しい話はありません。

実際、私は程度の差こそあれ、そのような例をたくさん見聞きしてきました。

例えば、国語について心配した親御さんが、子どもに本を与え、「これを読みなさい」と強制した結果、ますます国語が嫌いになり、その後、活字に対して非常に強い抵抗を示し、ほかの教科にまで悪影響を与えてしまった……。そのような残念なケースも、枚挙にいとまがありません。

本好きでなくても、読解力は高められる

「読書は読解力を養うのに有効ではあるけれども、それは絶対条件ではない」、そんな話をしておきましょう。

つまり、本嫌いの子でも、読解力をつけたり、国語の成績を上げることは十分に可能なのです。その〝生き証人〟が、高学歴芸人「あかもん」の澤井俊幸さんです。

澤井さんは、灘高から東大に現役合格されています。「子どものころからまともに本を読んだことがないのに、勉強は得意で、特に国語はいつも満点だった」と、ある取材で答えておられました。なんでも「家族と楽しんだドラマやお笑い鑑賞、ゲーム」を通して、読解力を身につけたのだといいます。

読書をしなくても読解力を高め、好成績を収めることができる

「なぜ？」と考える習慣が大切

それは十分に可能なことだと思います。なぜなら、「ドラマ」にせよ「お笑い鑑賞」にせよ「ゲーム」にせよ、澤井さんの家庭では「何か」について家族で話し合ったり、議論したりする習慣があったと考えられるからです。

相手と話し合ったり、議論したりするためには、自分の頭で「なぜ？」と考えるプロセスが不可欠です。その「なぜ？」と考える習慣が家庭に日ごろからあれば、読解力は自ずとついていきます。

これは極論に聞こえるかもしれません

が、「なぜ？」と考える習慣さえあれば、読書ゼロでも読解力はつくものですし、それに伴って国語の成績上がったり、灘中や東大にも合格できたりすることもあるというわけです。

家庭のなかで親子の対話というのは、それほど大事なものなのです（もちろん、「なぜ？」と考えることなく、ダラダラと自分の気持ちを互いにぶつけ合っているだけだったり、噛み合わない会話を重ねていたりするだけでは、読解力の養成には至りません）。

では、どのような問いかけをすれば「なぜ？」と考える習慣が身につくのか。詳しくは、次の4章でお伝えしていきます。

第4章
読書せずに読解力をつける方法

「家庭でできる読解力の養成法」

石田式読解力養成メソッドとは

いよいよここから、家庭でできる「読解力の育成法」をご紹介します。私が独自に開発した、石田式読解力養成メソッドです。

教育が変化するこの時期をチャンスととらえ、家庭内で読解力を養うことをおすすめします。具体的には、宿題などでの知識の獲得はそのまま進めながら、家庭を「読解力を養う場」にしてしまいましょう。

私がご提案する読解力の育成メソッドは、すべて効果が実証された方法ばかりです。100%効果があると確信していますが、子どものタイプによっては、使い方に差が出る場合はありますので、お子さんに合った方法を選択してみてください。

いくつかご紹介しますので、その子に合った方法を見つけたら、繰り返し取り組んでみてください。できるだけ多くの方に最適な方法を選んでいただけるように、方法を数多く示しました。「すべてやらなくてはいけないのか」と思われるかもしれませんが、そんなことはありません。できそうなことから取り組んでください。1つだけで終わってしまっても構いません。

「余裕があればほかの方法もやってみる」というスタンスで、気負わず進めてください。

石田式読解力養成メソッド①
読み聞かせと問いかけ

文章が読み取れていないなと思ったら、「読み聞かせ」が必要

最初にご紹介する方法は、国語の文章が読めていない、国語の文章問題の点が取れてない場合に使ってみてください。題材としては国語の文章問題を使います。

これは、いちばん確実に読解力を高めることができるメソッドです。これから読解力をつけていく子のために、親が「読むこと」を代行する点が大きな特徴です。つまり、親が「読み聞かせ」をするわけです。

「幼児ならともかく、小学生や中学生に対して親が読み聞かせをするなんて」

そう思われる方もいるかもしれません。まず「読み聞かせ」の意味について、説明しておきましょう。

ハードルが高い「読む作業」を親が代行すればいい

就学前の小さなお子さんであれば、今後のために有効的な方法として「読み聞かせ」があるということは、よくいわれています。子どもが小さいころに親が「読み聞かせ」をすることで、その後、読書好きになっていったという例は数知れません。

小さいころから本やストーリーというものに興味が示されるのですから、「三つ子の魂百まで」でしょう。しかし、小学校の高学年、中学生になってまで読み聞かせはなかなかしないはずです。

また、子どもがそのころになって「なぜ、こんなに本嫌いなのか」「国語の成績が悪いから、読書をすすめようか」と、焦り始める親御さんは多いものです。

普段は本を読まない子も、読み聞かせをしてもらうのは大好きです。聞くのは楽だからです。ですから、まずは文章の内容を理解し、興味をもたせるために、読み聞かせをするといいでしょう。なぜなら子どもにとって「文章を読む」という行為は、ハードルが高いことだからです。

多くの親御さんは「子どもが文字を覚えたら、自然と文章が読めるようになる」と思っています。しかし、それは大きな間違いです。実は、読めることと、意味を理解することは別物なのです。

言語能力を生まれてから習得する順番は、まず「聞くこと」から始まります。次が「話すこと」。そして「読むこと」「書くこと」と続きます。書く作業が最も高度です。文章読解に関していうと、読む作業が中心になりますので、「聞くこと」「話すこと」に比べると高度です。ですから、まずは「聞くこと」という最も簡単なアプローチからさせていきます。日常生活において「話すこと」「聞くこと」は多くありますが、「読むこと」は比較的少ないので、子どもにとってはハードルが高い作業なのです。

「読み聞かせ」というと絵本が浮かぶかもしれません。しかし、イメージにとらわれることはありません。小説、学校のお便り、ゲームのルールブック、説明書など、必要があればなんでも読んであげるとよいでしょう。

私が塾で子どもたちを指導していたときは、長文読解が苦手な子であろうと、そうでな

「読み聞かせ」は「読む」作業を親が代行すること

い子であろうと、問題文や設問の読み聞かせをしていました。そうすることで、1人では問題が解けない子も、正解できるようになります。また、読解ができる子でも、私が読むときの強弱や、どこで止めて、どこで考えるのかなどが、リアルタイムでわかるようになります。

つまり、「読む」という作業を子どもにやらせているうちは、読解力はいつまで経ってもつかないということです。なぜなら、読解力がない子は、「文章を字ヅラで見ているだけ」で、実際は「読んで」いないからです。しかし、傍から見ていても、文章を読んでいる姿しか見えず、実際は理解できているのか、いないのかわかりません。
実際の内容がよくわかっていないにもかかわらず、その状態で次々と文章が展開されるのですから、問題が解けるわけがありません。文章を「見ているだけ」なのですから、他教科の教科書の場合も、同様に意味を理解していない可能性が非常に高いです。

一方で、子どもに音読させることがあります。小学校の宿題でよく出ます。音読の効果は確かにありますが、それは、言葉の使い方、読み方、文の構造やいい回しがインプットされるという意味における話です。文章内容の意味を理解することに関しては、効果は期待できないと考えています。

もし、文章理解ができるようになるのであれば、これだけ全国で音読の宿題が出ていて、授業中も先生に当てられて音読をしている子どもたちの読解力は、極めて高い状態になっていないとおかしいわけです。

それにもかかわらず、前述のように、子どもたちの多くは教科書が読めていないという統計データが出ています。私が指導してきた経験から得た、「意味を理解できていない子どもたちが予想以上に、そして驚くほど多かった」という事実も、それを裏づけます。いったいどういうことなのでしょうか。

先ほども書きましたが、人間は、生まれてから「聞く→話す→読む→書く」という順で、技術を体得してきました。でも学校では「読む」「書く」という高度な技術を突然求められ、それがずっと続きます。

そのため、「読む、書く」のスキルが成熟していない場合、本を読んでも理解できず苦痛に感じ、問題文を読んでも理解できず、当てずっぽうで答えてしまうことが少なくありません。

そこで読解力をつけるためには、基本的スキルである「聞く」「話す」の2つを使っていくといいのです。

そのための具体的な作業が「親による読み聞かせ」になります。この効果がいかに高いかは、実際に読み聞かせを行い検証してみてください。「読む」よりも絶対的経験時間数が多い「聞く」ということが、理解する手段としていかに容易であるか、わかるのではないでしょうか。

質問を挟むのが最大のコツ

ただし、注意点があります。それは単に通しで全文を読み聞かせるだけでは不十分ということです。時折、質問を織り交ぜることがポイントです。読み聞かせをしても、内容に興味をもてないと子どもは聞き流してしまいます。そのために、時折、質問を投げかけることが大切です。

例えば、小説を読み聞かせするとき、区切りのいいところ（場面が変わるところ）でいったん止めて「あなたなら、こんなときどうする？」と質問を挟んであげるのです。

どんな子どもでも、質問を投げかけられると考えながら聞いてくれるようになります。そうやって、本に書かれている中身に興味をもつようになると、先を知りたくなり、もっと聞きたいと前のめりになっていきます。これが「意味を理解する」ために必要な作業になります。

最初のうちに、ぜひおすすめしたいスタイルがあります。それは、「正解がない質問」

質問を投げかけると、子どもは考えながら聞くようになる

を投げかけることです。

正解がある質問だと、子どもはテストされているように感じ、答えを探してしまいます。すると「考えること」をしなくなります。ですから「あなたならどうする？」「どう思う？」と、自由に答えられる問いから始めると考えるようになり、主体的になっていきます。その結果、高度な問題を考えたり、主人公の心情についても想像力を働かせたりするようになります。

それでは、ここで具体的にまとめておきましょう。次の手順で、子どもと国語の問題を使ってやってみてください（国語の題材以外、日常の文章で書かれているものでも可能です）。
これは、筆者が実際に子どもたちの指導で使ってきた方法です。効果の実例は多々ありますので、参考にしてみてください。文章には2つのパターン（「小説・物語系」と「説明文・論説系」）がありますが、進め方は同じです。

「読み聞かせと問いかけ」の行い方

〈題材の選び方：未就学児の場合〉

未就学児の場合で、問いつきの国語の問題がない場合は、絵本や昔話を題材にする。

（a）読み聞かせる（流れの理解と想像力を養う）
（b）問いかける（読解力を養う）
（c）その後のストーリーを予想させる（想像力や創造力を養う）

〈題材の選び方：小学生以上の場合〉

（a）国語の「問題」を使って行う（文章だけの教科書ではなく、問題がついている教材

↓問いがあったほうが、考えるきっかけになる・解き方を学べる・自信がつく）

（b）自分で読んで理解できる子には自分でやらせる（理解できているかどうかを判断するには、なぜそう答えたのか、その「理由」を聞いてみるといい）

（c）自分で読んで理解できていない子には、親が設問も選択肢も「読み聞かせ」を行う

〈**進め方**〉

（1）読み聞かせをします（説明文は段落ごと・物語は場面ごと）。

↓文章を親が読みます。イメージとしては「絵本の読み聞かせ」と同じ要領です。

（2）読んでいる途中、設問とは関係ない問いかけをします。

↓「あなたならどうする？」「どうしてこんなことが書いてあるのかな？」という問いかけをします。設問と関係ない文章内容の問いをすることで、子どもは文章の内容に引き込まれていきます。

（3）設問になったらその都度解きます。

↓設問も子どもに問いかけるように親が読みます。

〈問題が選択肢の場合〉

選択肢をクイズ的に読み上げます。そして、口頭で質問するように語りかけます。

1回の問いかけでできなければ、ヒントをいいます。ヒントは第2ヒントまで。第3ヒントは答えになります。ヒントで解ければ、子どもは「自分でできた」という感覚になります。しかし、実際は補助があってできたわけで、錯覚なのですが、このようなことを繰り返していくうちに、実力がついていきます。

ポイントは、「なぜそれを答えに選び、それ以外を選ばなかったのか」を聞くことです。これが非常に大切になります。理由を言語化させていくのです。そうすると子どもがどのように考えていたかわかります。

もし、間違ったことを子どもが考えていたときは、

(1) 絶対に否定から入らず、「なるほどね～」「そう考えたんだ」といって承認から入ってください。

(2) その上で、「では、多くの人が選ぶとしたらどれを選ぶと思う?」と聞きます。こ

の質問をすると、かなりの確率で子どもは正解を選んできます。なぜなら、はじめは自分の感覚で答えていたものが、多くの人の感覚となると、一般化し客観視できるようになるからです。選択肢問題のことを別名「客観テスト」という背景には、こういう理由があります。

以上、このように子どもの感性を大切にしながら、一般的な考えも知るというダブルスタンダードをやっていくといいでしょう。これが、子どもが主体的になり読解力がつくための「秘密」です。

〈問題が記述式の場合〉

こちらも、同様に語りかけます。「傍線部1はどういうことですか。20文字以内で書きなさい」という問いだったら、「傍線部の○○って、どういうこと？　何をいっているのかな、この部分？」という語りかけをします。

設問の活字をそのまま読むと、感情が入っていないので、聞かれた感覚がしません。しかし、口頭で問いかけられると、なぜか答えられるという現象が起こります。もちろん、子どもにも口頭で答えさせます。おもしろいように答えてくるので、ぜひやってみてください。

具体的には次のように進めていきます。

(1)「20文字」など文字数にはとらわれず、まずは一言で「語らせる」ということをします。

↓その際、「要するにどういうこと?」「一言でいうとどういうこと?」と聞きます。すると子どもは「一言」で語ります。これが答えの中核部分です。

(2)もし、それがずれているようであれば、選択肢のときと同じように、「なるほどね~」といったん受け入れて、「ほかにはどうかな?」と別の考えへ誘導します。

↓すると、視点が変わっていきます。このようなことを繰り返すうちに、答えの核心部分に至る可能性が高まります。

(3)一言で語ったことは、すべてメモとして紙に書かせます。そして、核心部分に至ったら、その問いをやめ、書いたメモを見て、「どれがいちばんいいと思う?」と聞きます。

通常はこのプロセスで、答えの核心部分に行き当たりますが、万一答えの核心部分がいえない場合は、それ以上先に進めても意味がないので、そこで核心部分をいいます。

↓あれこれと考えた末の核心部分ですから、子どもは答えが知りたくて積極的に聞くようになります。
（4）核心部分がわかったら「そのことを、もう少し説明するとどんな感じ？」と聞きます。それをメモさせておきます。そのメモを見ながら最終的に文を書きます。そして20文字以内など文字調整を最後にしていきます。

このプロセスは「核心部分（単純なキーワード）↓もう少し説明」をすべて口頭で行い、口でいえたらその後で「メモ」をするというやり方です。これで記述式の問題はできるようになっていきます。また、書くことに抵抗がある子も、心理的な抵抗感がなくなっていきます。

〈1つの段落を読み終えたら〉

「この段落って、結局何がいいたかったかな？」と問います。すると子どもは具体的なことを切り捨てて、抽象化させます。これが頭脳のスペックを引き上げるためのマジックワードです。

「文章の要旨」のまとめ方

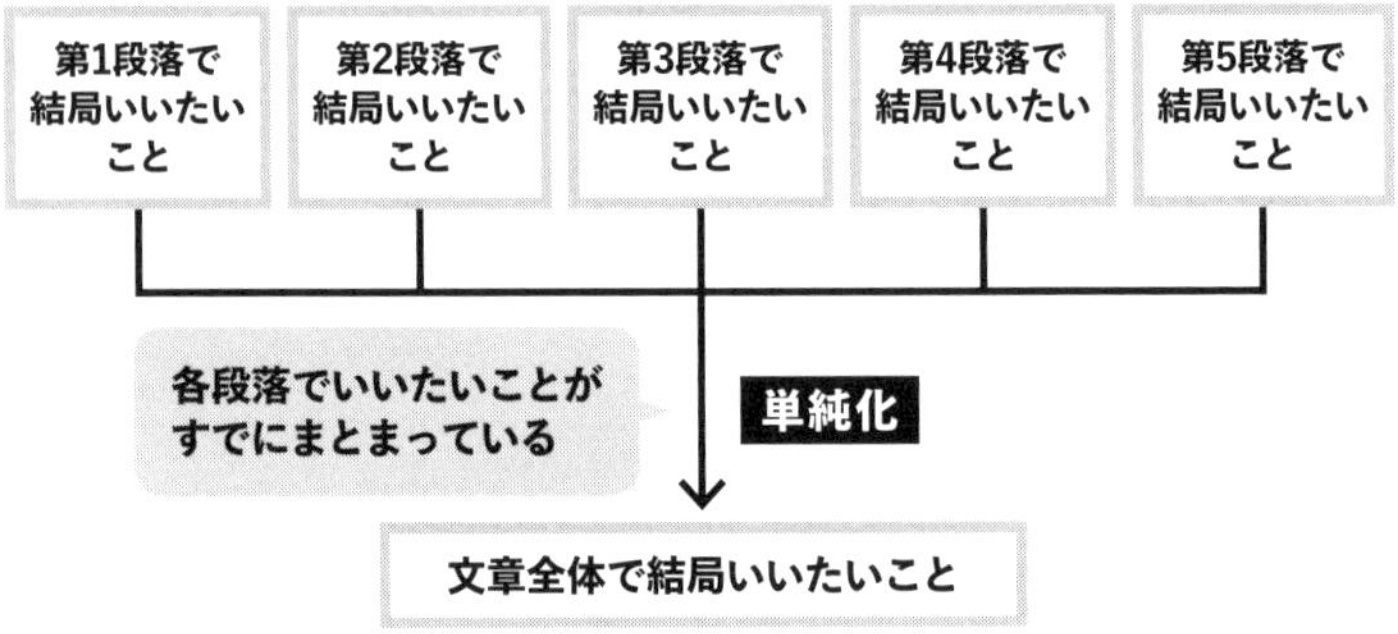

学校ではこれを「小見出し」とか「要約」といいますが、そのような用語を使うと子どもは一気に「引いてしまう」ので、そのような言葉は使いません。

あくまでも、「簡単にいうと……」「結局どういう……」「要するにどういう……」という言葉を使って聞いてあげるほうが、意味がわかり、子どもの心に刺さるのです。

〈最後まで読み終えたら〉

「この文章って、結局何がいいたかったのかな？」と問います。すると、これまで段落や場面でまとめているので、そこからさらに、単純化させて答えるようになります。

これを「文章の要旨」といいます。

ここまでお話ししたようなプロセスで進めますが、親御さんは教師ではありませんので、いつまでも、このようなことを継続することは難しいはずです。

そこで、徐々に子どもができるように移行させていきます。

手順は次の通りです。

ステップ❶　親が全部読み、問いかけをして、すべて親の誘導の通りに進めていく。

ステップ❷　部分的（例：第3段落以降など）に子どもに読ませる。問いかけはまだ親が行う。

ステップ❸　部分的に子どもに読ませ、その部分は設問も自分で読んで自分で答えさせる。

ステップ❹　すべての文章を自分で読んで、設問も自分で読んで答えるが、採点は親が行う。

ステップ❺　子どもが自分で採点をする。

このように段階的に子どもが自分でできるようにしていきます。これを「教育」といいます。まだ自分で読めない、考えられない子に、「ステップ4」「ステップ5」など難易度の高い課題に向き合わせることは「教育」といいません。

このステップを踏めば、誰でも読解ができて、問題も解けるようになっていくことは、これまでの私の指導で証明されていますが、親子の場合、どうしても親の期待値が高くなるため、勇み足となることがあります。

各ステップで不十分であれば、先のステップには進みません。そのようにして足元を固めてから、少しずつでも着実に進めてください。それが読解力をつけるいちばんの近道となります。

石田式読解力養成メソッド②マジックワードによる問いかけ

普段の会話でも、読解力は養われる

ここからご紹介する方法は、いずれも日常の会話を通じて読解力を高めていく方法です。日常において、子どもに意識的に問いを投げかけることで、読解力を培います。
また、どのようなボキャブラリーを使うか考えることで、表現力まで養われます。

まず、「マジックワード」で、子どもに声かけをしていきましょう。
「マジックワード」とは、短いけれど、子どもから考える力を引き出してくれる「魔法の言葉」を指します。

言葉がけは、今すぐ、誰でも、お金をかけずにできます。その容易さと相まって、実は言葉がけというのは読解力の養成に絶大な効果をもつ手段なのです。

読解力養成に役立つ代表的な7つの「マジックワード」は、次のようになります。

「なぜだろう?」(原因分析)
「どうしたらいい?」(問題解決)
「要するにどういうこと?」(抽象化思考)
「例えばどういうこと?」(具体化思考)
「何のためだろうね?」(目的意識)
「そもそもそれってどういうこと?」(原点回帰)
「もし○○だったらどうなるだろうね?」(仮説構築)

このような言葉をかけられると人は「考えだす」のです。
特に、2つの事例について説明しておきましょう。

〈例１：なぜだろう？〉

この言葉は「理由」を尋ねる言葉です。学校教育では「これは何？」「どこ？」「いつ？」「誰？」と聞くことが基本形となっています。これらのワードも大切でしょうが、それだけでは残念ながら「考える力」は身につきません。これらは知識のインプットであり「考える」とはいわないのです。

ところが子どもたちは「なぜだろうね？」といわれると意識がそこに向かい、考えるようになります。

もっとも、この問いは、答えがないことが多いものです。子どもが迷ったり「わからない」と音を上げたりしてもよいのです。なぜなら、いったんは考えているからです。「何を答えたか」という結果でなく、考えているというプロセスが重要なのです。

〈例２：要するにどういうこと？〉

この言葉を投げかけられると、子どもは考えをまとめていきます。それを「抽象化する」といいます。抽象化については、本書で何度も書いてきました。読解では極めて重要な概念だからです。

抽象化できると、算数の問題集をやっていても、「この問題とこの問題は、形は違っているけど同じタイプ」と気づいたり、国語でも、「この文とこの文は、字ヅラは違うけれど内容は同じ」などとわかったりできるようになります。

一方、具体的な部分しか見えないと、すべての情報がバラバラに異なって見えます。この「まとめあげること」、すなわち「抽象化させること」は読解の中心的要素です。

このように「マジックワード」で声かけをすることで、その質問の方向に意識が向かいます。すると子どもの頭の中で「考える」ことが始まります。

シンプルだけどとても効果的な、こうした言葉を使っている家庭は、実はそう多くはありません。ほとんどの子どもは、日常、親からの指示・命令によって動いていることが多いものです。それではいつまで経っても自ら考えるようにはなりません。また、読解力もなかなか養われにくくなります。

読解力向上のためにも、ぜひ日常で使ってみてください。

石田式読解力養成メソッド③
大人言葉置き換えゲーム

「文脈から推察する力」を伸ばす

ボキャブラリーは、読解においては確かに重要です。しかし、難しい言葉をたくさん知らないと読解力がつかないというのであれば、世の中読解力のない人だらけになります。言葉の意味がわからなくても、前後関係から、どういうニュアンスの言葉であるのかということは推測できるものなのです。これができる人が「読解力が高い人」です。つまり、「文脈から推測できる力」が必要ということになります。

そこで、子どもとの対話では、大人が使う言葉（表記でいえば漢字）を時折、使ってみるといいでしょう。日常会話であれば、かたくるしい雰囲気でないので、子どもは違和感

配膳
手伝ってくれる？
お皿を
並べる
ことだ！
うん！
大人言葉置き換えゲームを日常に取り入れる

なく言葉を聞き入れ、推測するようになります。書き言葉だと難しく感じることも、会話で出てきた難しい用語は難しく感じないことは大人でも経験されていることでしょう。

もともと、人間は、生まれてから、このようにして会話を通じてボキャブラリーを獲得してきました。読書好きな子は、本に書いてあるすべてのボキャブラリーを知っているわけではないでしょう。それでも意味を理解し、いいたいことをとらえています。ということは、「推測する力がある」ということになるのです。

大人言葉置き換えゲーム　ステップ1：1語置き換え

大人言葉　主に漢字で表記される言葉。文章で見るときにはかたくるしい印象を受けるものでも、日常会話のなかに出てくると違和感なく聞くことができる

置き換え前	置き換え後（大人言葉）
寒くなったり、温かくなったりするから、着るものに迷うね	**寒暖差が激しい**から、着るものに迷うね
今日の給食は**何が出たの**？	今日の給食の**献立**は？
クラスに**お休みしている子**、いた？	クラスに**欠席者**、いた？
校庭で**転んだ**の？　廊下で**転んだ**の？	校庭で**転倒した**の？　廊下で**転倒した**の？
ちょっと、**お皿を並べる**のを手伝ってくれる？	ちょっと、**配膳**を手伝ってくれる？
トイレットペーパーを買ってきてくれる？　**いちばん安い**ものでいいよ	トイレットペーパーを買ってきてくれる？　**最安値**のものでいいよ

大人言葉置き換えゲーム　ステップ2：2語置き換え

置き換え前	置き換え後（大人言葉）
今日**学校に出すもの**は、**全部用意ができた**かな？	今日の**提出物**の**用意は万全**かな？
プリント、**なくした**の？　探しても見つからないなら、まずは先生に**いう**ようにしなさい	プリント、**紛失した**の？　探しても見つからないなら、まずは先生に**報告**しなさい
暗くなるまでには、**家に帰る**ようにしてね	**日没**までには、**帰宅**してね
このケーキとチョコレート、カロリーを**比べて**、どちらか低いほうを**買う**ようにしない？	このケーキとチョコレート、カロリーを**比較**して、どちらか低いほうを**購入**しない？
お鍋は、**料理をする**時間が短いのが**いいところ**だね	お鍋は、**調理**時間が短いのが**利点**だね
診察室で**先生に聞かれる**ときは、せきとか、鼻水とか、**どんなことが起こっているか**自分でお話しするんだよ	診察室で**問診**されるときは、せきとか、鼻水とか、**症状**を自分でお話しするんだよ

慣れてきたら、置き換える言葉の数を1語、2語、……と増やしていく

大人言葉置き換えゲーム　ステップ3：3語以上置き換え

置き換え前	置き換え後（大人言葉）
昨日の夜の**お腹の痛み**は、**よくなった**？	**昨夜**の**腹痛**は、**快復**した？
お父さんとお母さんが**いない**ときには、自分で**鍵を開けて**家に入るんだよ。鍵は常に**もち歩く**ようにしてね	**親**の**不在**時には、自分で**開錠**して家に入るんだよ。鍵は常に**携帯する**ようにしてね
うちは、YouTubeを**見る**なら○分**まで**だからね	**我が家**のYouTubeの**視聴**時間の**上限**は、○分だからね
次の**休み**に**家族みんな**で**出かけるところ**を、**いくつか**考えて**話して**みてよ	次の**休日**に**一家**で**外出する候補地**を、**複数**考えて**提案**してみてよ

大人言葉の意味を考えることによって、会話を通じて「文脈から推測する力」を養うことができる

▼

単語の意味がわからなくても、文章の前後関係から意味を推測できることが「読解力が高い」という状態

石田式読解力養成メソッド④ 問いかけゲーム

「5W1H」を問いかける

「いつ?」「どこで?」「誰が?」「何を?」「なぜ?」「どういうふうに?」という問いを入れます。子どもとの会話では、この6つの要素の大半が欠けていることがあります。

したがって、〃やさしく〃「どこで〇〇?」「誰と〇〇?」などと聞いてあげることで、徐々に子どもは5W1Hを意識して話すようになります。

しかし、焦ってはいけません。すぐにできるようにはならないので、焦らずに会話を楽しむ感じで使ってみてください。

答えのない問いを、あえて問いかける

時事ニュースに関連するような問いを、投げかけてみてください。

自分たちの暮らしに関係のあることとはいえ、話の抽象度は途端に高くなります。

また、専門家でも答えにくいような難しい問いでもよいのです。考える力を伸ばす訓練だと思って、あえて問いかけてみてください。

例えば、コロナ禍で２０２０年から私たちの暮らしは一変しました。不便なことも数多くありますが、自分の頭で考えるきっかけを数多く与えてくれます。


また、図や表を見て読み取る問題が、今後の入試では多く出題されます。そこで、統計データから何がわかるのかということも、身近なテーマを使って慣れていきましょう。

非常時においては、毎日のようにグラフや表が出てくる傾向にあります。それを有効活用しましょう。

こうした「考える訓練」を続けていると、日常の観察力は高まります。物事を冷静に見

問いかけの例

答えのない問い

- トイレットペーパーなど、「物資が枯渇する」という情報が正しくなくても、なぜ人は購入に走るのか？　もし自分だったらどう行動するか？
- オンライン授業と通常授業のメリットとデメリットとは何か？　自分はどちらに向いているか？　また、それはなぜか？
- 新型コロナウイルスによって、生活の何が変わったか？
- コロナ禍になり、YouTuberたちはどのようなテーマで動画を出しているか？
- 海外旅行に行けなくなると、人はどういった行動をとるのか？
- コロナ禍でもお客さんの多いレストランとは、どのようなレストランか？
- 非常時に出てくる新しいテクノロジーや仕事はどんなことか？　またそれはなぜか？

➡ **答えのない問いが、自分の頭で「考える」ための訓練になり、会話のなかで5W1Hを意識するようになる**

図や表から読み取る問い

- コロナ感染者数のグラフと100年前のスペイン風邪の感染者数のグラフを見比べると、何がわかるか？
- 47都道府県の感染者数のばらつきはなぜ起こるのか？
- 人口当たりの感染率で見ると、どういった順位になるか？
- 同じ感染症対策をしているのに、なぜ新型コロナは増えて、インフルエンザは激減しているのか？

➡ **今後の入試を見据えて、データに慣れておく**

重要なのは思考する時間を増やすこと。答えは出なくてもいい

グラフを見ることで「考える」習慣が身につく

る習慣も身につきます。

子どもが、このような問いに対して「わからない」という言葉で返してきても、問題はありません。なぜなら、このような問いをされて、一瞬でも子どもは「思考状態」になるからです。

思考する瞬間を増やすことが重要なのであり、「答えが出るかどうか」「正しいかどうか」はどうでもいいことです。

このような問いを日常で受けていると、勉強しているときに自然と、自分で問いを立てるようになっていきます。

石田式読解力養成メソッド⑤
本質の見破り方

根源的な問題を見抜く読解力を身につける

国語ができなかった私が、「いいたいこと＝本質」がわかるようになったきっかけは、あることに気づいたことでした。それは「どんな文章も、たいしたことはいっていない」と感じることができるようになったことです。もちろん、立派なことが書いてある文章は世の中にたくさんあります。私がいう「たいしたことはない」とは、「印象ほどたいしたことはない」ということなのです。

読解力がない子の特徴に、文章の量の多さと漢字の羅列を見ただけで、気が滅入るということがあります。つまり、そもそも読解力以前の話だったりするのです。

私も、文章量の多さと難しそうな表現などで、「この文章は大変難しいことをいっているに違いない」と思ったものです。

しかし、実態として、全然たいしたことをいっていないことがわかったのです。

通常は、膨大な活字の列を眺めていても、どれが最も重要であるかは、ぱっと見ではわかりません。しかし、いいたいことは１つの段落で１つと基本的には決まっています。ということは、その１つのことをいうために、たくさんの文を使って、あれこれ表現していくわけです。

ということは、大半が似たようなことをいっているわけで、難しくて意味がとれない文があっても、それは無視してしまえばいいのです。ざっくりいいたいことがつかめれば読解ができたことになります。

大切なので、もう一度いいますね。「一見難しく見える文章でも、実はたいしたことはいっていない」ということです。

いいたいことは１つか、２つ。その本質さえわかればいいわけです。

では、どうすれば本質を見破る力（＝読解力）をつけられるのか。ここでは家庭でできる3つの方法についてお話しします。

本質の見破り方1：全体像をおおまかにつかむ

部分的な話をされても、「何がいいたいのかさっぱりわからない」と感じることがあるでしょう。しかし、全体の話がわかると、何が「いいたいこと」なのか、わかってくることがあります。これは「ストーリーという流れ」をつかむことで、理解できるようになるからです。

例えば、歴史の勉強をイメージしてみてください。1ページ目から断片的な知識をコツコツ学習するよりも、まずはざっと全体像をとらえるようにすると、頭に入りやすくなります。つまり、歴史のマンガや簡単に読める薄い教科書などを軽く読み流して全体の流れをとらえてから、細かい勉強をしていくと、「何の重要度が高く、何の重要度が低いか」ということがわかってきます。

とはいえ、活字の羅列を見て圧倒されてしまう子の場合、全体像をつかむこともなかな

歴史のマンガを読むと、全体の流れを把握できる

か難しいかもしれません。

その場合、有効な手段があります。「段落分け（細分化）」です。

「段落分け」は学校でもよく授業でやります。しかし、ただ「分ける」のではなく、その段落以外を見えないように「隠してしまう」のです。

国語が嫌いな子は、大量の活字に抵抗があるので、まずは「1段落」だけを見えるようにして、その段落だけに集中するようにします。すると、「文章全体を読むのは大変だけど、数行程度の、1段落であれば、読んでみてもいいか」と思い、目の前のことだけに集中できます。

そしてその後、「結局、この段落は何

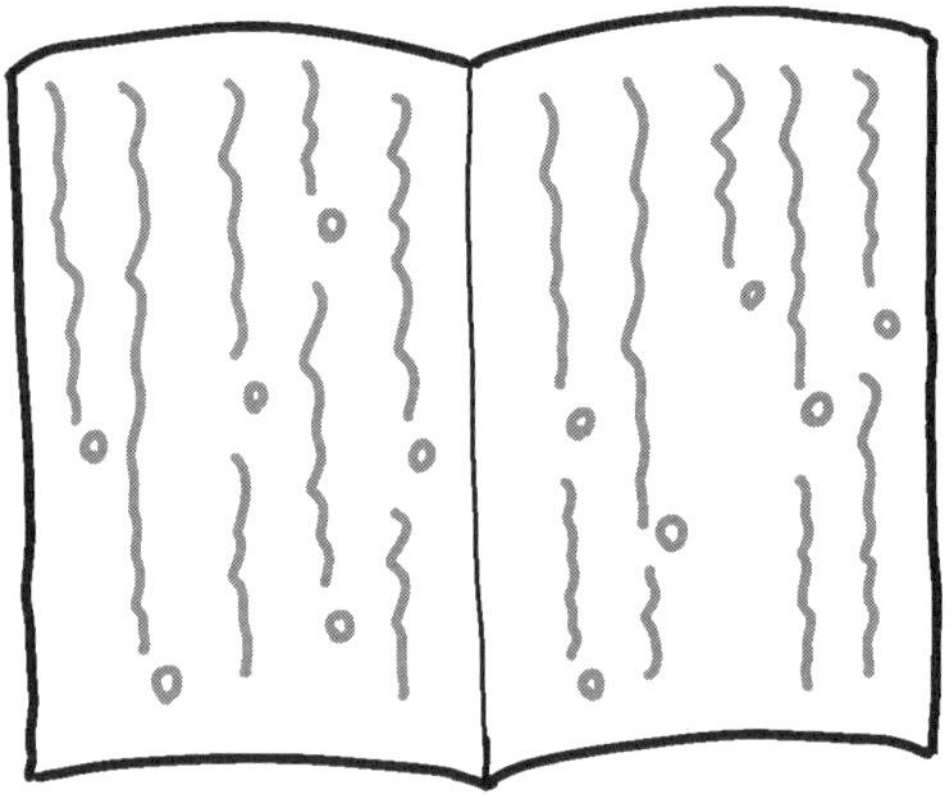

読解力がないと、文章が「ミミズのはった羅列」にしか見えない

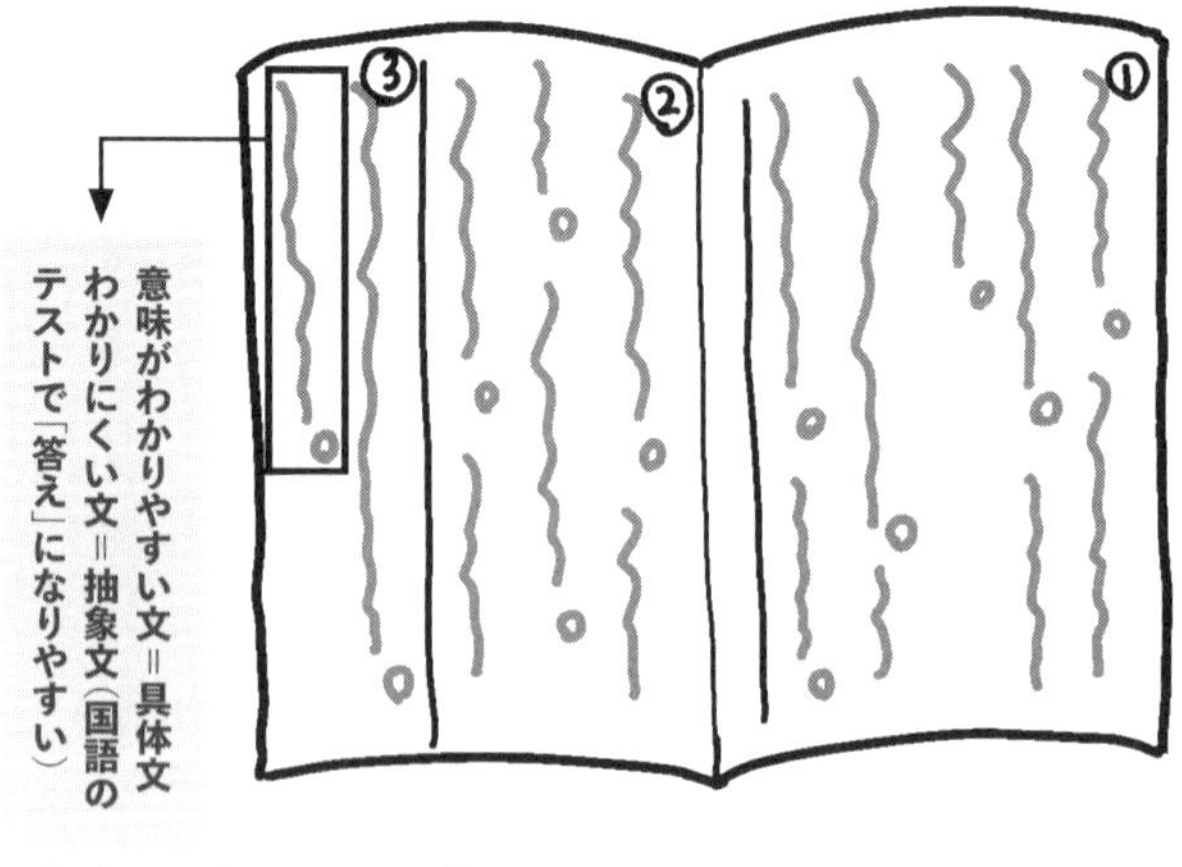

段落ごとに集中して読むと、「全体像」の把握につながる

がいいたいの？　一言でいうと？」と問いかけます。すると、子どもは「なんとなく感じた印象」を答えられるようになります。

このように、段落という「全体像」をざっと読んで、何をいっているかをとらえる訓練をすると、本質が自動的に見えるようになっていきます。これを繰り返すと、文章全体の本質がわかるようになります。

本質の見破り方2：抽象と具体を区別できるようにする

文章は、わかりにくい文章とわかりやすい文章とで構成されています。

わかりにくい文章は「抽象文」、わかりやすい文章を「具体文」といいます。

国語の問題では、「抽象文」が答えになります。いったいなぜでしょうか。

具体文は、あくまでも具体例として1つを挙げているにすぎないので、それが答えだと、「そのほかの事例はダメなのか？」ということになるからです。

抽象文であれば、ぼかして漠然としています。どのような事例にも適用できる文（どのようにでも解釈できる文）になっているので、これが答えになるのです。

会話も、文章も、「抽象文でまとめて、具体文でわかりやすく説明する」という構造になっていますが、子どもたちはこのようなことを知りません。すべて同じ言葉であり、同じ文にしか見えていません。そこで、このような訓練をするのです。

(a) 具体的な話ばかりであれば、「結局、どういうこと?」と聞いてみます。すると、「抽象的な言葉や文」でまとめるようになります。

(b) わかりにくい話（抽象文）であれば、「それは、例えばどういうこと?」と聞いてみます。すると「具体的な言葉や文」が出てきます。

この「抽象と具体の往復」を日常で行っていると、話をしている本人も説明が上手になり、国語の文章も同様の構造になっていることがわかるようになるでしょう。「抽象部分はわかりにくいけど、それが本質だ」ということがわかってきます。

ちなみに、国語のテストの選択問題では、「抽象的（ざっくりとした表現でわかりにくい）に書かれた選択肢」が答えです。

本質の見破り方3：学んだことを説明させる

私は塾で授業をしていたとき、よく次のような方法を使って子どもたちの理解力を確かめていました。


「これで説明は終わったけれど、わかったか？」

「じゃあ○○君、もう一度説明してみて」


実際、指名されると答えられないということは頻繁にありました。

つまり、たった1回の説明で、すべての子どもたちが理解できるはずがないということです。

でも、教える側は、決まったように「わかった？」と聞いて、その後、次の単元に移ってしまうことが少なくありません。そして、「わからない状態のまま→落ちこぼれ誕生」となっていきます。

わからないことは「わからない」と遠慮なくいってくれればいいのですが、子どもたちは場の雰囲気を気にするのか、正直にはいいません。

そこで、子どもたちに「正解をいわなくていいからね。自分はどう思うかでいいから、いってみて」と伝えます。すると安心して発言してくれます。

実際に説明させてみると、子どもたちも自分が理解しているのかいないのかが、はっきりわかります。そして自分の言葉で説明できると、当事者意識が出てきて、何がいちばん重要なことか、本質なのかがわかってきます。

以上、3つの方法についてお話ししてきました。

「本質」というと何か難しい言葉のように思いますが、「要するにどういうこと？」という抽象化思考をすれば、容易に導き出すことができます。前のマジックワードのところ（163ページ参照）で説明した通りです。「本質」をとらえられると、後は枝葉末節という飾りつけ部分で、表現をもう少し細かくしていくだけです。

「正解をいわなくていい」と伝えると、子どもは生き生きと発言する

「要するにどういうこと？」というマジックワードで自問自答するクセを、子どもが１人でできるようになれば、読解力はぐんぐん伸びていきます。

本章では、「読書をせずに読解力をつける方法」について述べてきました。そのため、なるべく家庭で簡単に実践できる読書以外の方法について焦点をあててきました。

親は学校の先生ではなく、家は学校ではないため、国語の文章読解の具体的方法までを教える必要はないと思っています。例えば、国語の問題を解くためには、文と文の分析や接続詞に注意すること、選択肢のつくり方、記述式問題の考え方など、実際に方法はあります。しかし、親がそのような具体的方法を子どもに教えると、子どもが混乱するばかりか、喧嘩になってしまうこともあります。

ですから、一部具体的方法も挙げましたが、それよりも、「読解力の基盤」をつくってしまったほうが、今後の子どもの能力を伸ばすことができます。表面的な解き方などについては学校や塾でも学ぶことでしょう。しかし、読解の基盤は教えてくれません。ですから、これを家庭でつくってしまうということが得策であると考え、この5つのメソッドを書きました。

ここで挙げた5つのメソッドは、日常のなかで実践できることばかりですが、すべてを行うというよりも、1つでも実践できればいいという感じで進めてください。実践すれば、何か変化が起こり始めます。

第5章

読解力養成にまつわる20のQ&A

この章では、読解力にまつわる質問に答えていきます。読解力がいかに重要であるかがおわかりいただけると思いますが、一方であまり深刻になりすぎるのも問題です。ですから、気軽にお読みください。

Q 読解力がないと、どんなところで損をしますか？

A. 話の内容が理解できなかったり、情報を誤読する可能性があります。

生活上では特に目立った支障はないでしょうが、意味が理解できていないと誤解をする可能性があるため、約束事が理解できていなかったり、文章を読むことに抵抗感をもっていたりして、情報収集の面で遅れをとる可能性はあります。

これは仮説ですが、友人関係についていえば、「類は友を呼ぶ」というように、「同レベルの読解力をもった者同士が集う」という可能性もあります。小学校、中学校ではそれほど友人差は見受けられませんが、高校以降では、その傾向が顕著になっています。「学力」というよりも、むしろ「読解力」の差という印象です。

Q 読解力が低いと、就職しにくい？

A. その可能性はないとはいえません。

単純にそうともいえませんが、人事部や面接担当は人間性以外に当然「意味を理解できる人かどうか」「自分の考えを自分の言葉で表現できるかどうか」を見ています。そのような意味においては、「就職しにくい」と答えなければならないかもしれません。

私が私立学校の経営者をしていたとき、それまでの教員の採用方法を１８０度変えたことがあります。それまではペーパーテストで上位の得点者だけを対象に、面接をして採用する方法でしたが、その方法では子どもたちの指導が適切にできる教員を採用することができませんでした。

そこで、面接から行ったのです。しかも、10人のグループ面接でした。

グループ面接がなぜよいかというと、他者の話を聞きながら、それを受けて自分の意見がいえるかどうかを確認できるからです。つまり読解力と表現力の双方を見ることができます。

多くの志願者は、予め用意していた回答をそのまましゃべっていたり、他者の意見を聞かず、自分の意見だけを一方的に伝えたりしていました。また、面接官からの問いに対して適切に答えていないという人もかなり散見されました。つまり意味が理解できないから、独りよがりの話ばかりしてしまったり、問いを理解できないケースがあったりしたということです。


ちなみにこのような志願者の割合は、全体の60%を占めていました。その多さに驚いたものです。なぜなら、このような人が、塾を含めどこかの教育現場や学校で子どもたちを指導している可能性があるからです。

いずれにしても、読解力は、意味を理解する力という点でとらえると、就職のみならず、その後の仕事上で問題を起こす可能性も否定できません。

Q 読解力が低いと、出世しにくい？

A. 関係はあまりないでしょう。

「出世」の定義にもよりますが、単純に「組織内の昇進」という意味なら、「読解力がある人」よりも「空気を読むことができる人」のほうが、うまくいく確率は高いのではないでしょうか。

したがって、出世と読解力は直接の関係はないと思われますが、前述のように、仕事上における齟齬はあるかもしれません。

Q タブレット学習は読解力の養成に役立つでしょうか？

A. 一概にそうともいえません。

意味を理解するという点においては、紙の教材だろうが、タブレット教材だろうが、手段は特に関係ありません。どのようなツールを使おうと、その子の頭脳が動き、考えることができるのかという点が大切になります。

その意味で、紙の本で読むか、タブレットを使い電子書籍で読むかの違いのようなもので、人の好みに左右されるものです。

ただし、国語の文章問題は、紙のほうがやりやすいかと思います。読みながらチェックを入れたり、何ページのどの部分に何が書いてあるかという「位置」で内容が記憶されていく場合があるからです。また、テスト自体がまだ紙で行われていると思いますので、紙で慣れていたほうがよいかと思います。

Q 読解力の養成に、子ども新聞は役立ちますか？

A. 2段階のステップを踏めば、役立ちます。

役立ちます。しかし、次の2つのステップが大切です。

（1）「『子ども新聞』に興味をもたせる」という段階
そもそも子どもが「子ども新聞」に興味がない場合、特に強要する必要はありませんが、記事のなかで、本人の興味がありそうな部分を話してみることで、興味が出る場合があります。

もともと「子ども新聞」は、子どもの興味や関心を引き出すような工夫が随所に凝らされています。また、扱う分野も多岐にわたるため、どこかで子どもの好奇心のアンテナに引っかかる可能性があるようにつくられているのです。

（2）子どもに問いかける段階

子どもが活字を読むことに抵抗があるかないかで、次の2タイプに分かれます。

（a）「活字を読むことに抵抗がない子」の場合

↓親御さんは問いかけるだけでいいでしょう。「これはどんなお話？」「それって要するにどういうこと？」「あなたはどう思う？」。この言葉かけによって思考が始まります。

（b）「活字に抵抗がある子」の場合

↓親が読み聞かせをします。その際は、「途中で随時切って、問いかける」というスタイルで進めてください。この問いかけがかなり重要になります。この問いかけによって子どもは文章の世界へ入っていきます。

読解力をつけるというよりは、興味関心、好奇心を引き出すように誘導するイメージです。そのようにして内容に引き込まれることで、自動的に意味を理解するようになっていきます。

Q 読解力の養成に、「大人向けの新聞」は役立ちますか?

A. 難しいでしょう。

「大人向けの新聞」が読解力の養成に役立つことはあります。しかし、子どもにとっては大人の新聞内容のテーマは「つまらない」「興味がわかない」ものが多いため、「読解する」という以前にモチベーションの段階で、先に進まなくなってしまうのが一般的です。

ただし、小学生のなかでも、極まれに興味をもつ子がいます。中学以降でも同様です。そのような場合は、当然のことながら、積極的に役立てるといいでしょう。新聞の場合は読むこと(インプット)よりも、内容面について話すこと(アウトプット)に焦点をあててみてはいかがでしょうか。話のネタとして使う感じです。

Q 読解力の養成に、「子ども向けの小説」は役立ちますか？

A. 役立つ場合と、そうでない場合があります。

「子ども向けの小説」（ライトノベルや、「小学生向け」とうたわれた小説）が読解力の養成に役立つことはあります。しかし「子ども新聞」と同様、「活字に抵抗がある子」にとっては、そもそも小説という「活字の羅列」を読むこと自体に興味を示しません。したがって、たとえ「小学生向け」とうたわれている小説であっても「読解力をつけさせる」という目的で、読書を強要することはやめたほうがいいでしょう。ただ、興味を示す可能性もあるので、すすめてみてもいいと思います。

子どもが未就学児、または活字がまだ十分に読めない場合は、絵本による「読み聞かせ」から入り、自分で読むことに興味を示すというプロセスを経れば、図書館に行き、読みたい本をいくつか借りてきて、読んでいくことはとても効果的です。ただし読解力をつけるために読むのではなく、読むことが楽しいから読むというスタンスでいるといいでしょう。

Q 読解力の養成に、「大人向けの小説」は役立ちますか？

A. 難しいでしょう。

例えば中学入試では、そのような大人向けの小説（文学作品や、推理小説や、時代小説など）が出題されることはあります。しかし「入試問題として使える、子ども向けの部分」を厳選して出してきます。

そのため、一般的な「大人向けの小説」が読解力の養成に役立つかどうかは断定できません。内容やテーマ自体が「大人向け」であるため、人生経験が浅い子どもにとっては、理解できない部分も多々あるでしょう。

その場合、ある程度読解力のある子どもであっても「意味不明な文章の羅列」と感じられてしまい、「読みたい」というモチベーションが低下する可能性もあります。子ども自身が楽しんで読むのではあれば問題ありませんが、通常、それは考えにくいでしょう。

Q 読解力の養成に、「学習漫画」は役立ちますか？

A. はい、役立つと考えています。

学習漫画は「ストーリーの構成」と「視覚的な表現」を同時に成立させています。さらに学習漫画には「知識の獲得」という目的も入っているため、学習漫画が扱う内容に興味関心が出て、「総合的な学習効果が高まる」というメリットもあります。

「読解」においては「文章の意味を取ること」も求められますが、「全体構成を把握すること」も大事です。

したがって後者の意味において、学習漫画は非常に効果的です。また「視覚的に把握できる」という点は、モチベーションを高めることに有意に働きます。

できれば、「学習漫画を読む」という「インプット」の後に、「どのような話だったか」を話したり書いたりする「アウトプット」の場をつくると、さらに効果的です。

Q 読解力の養成に、漫画（コミックス）は役立ちますか？

A．役立つケースと、そうでないケースがあります。

「読解力の養成に、漫画が直接的に役立ってくれる」とは考えにくいでしょう。でも漫画を読むことで、読解力をうまく養っている子もいます。それは次のようなケースです。

例えば、「漫画全体のストーリー展開がどうなっているか？」「主人公はなぜ、ここでこういう行動をとったのか？」「この場面は、自分であればこうするのに」などと、思考している場合です。

「漫画を読みながら、物語の構成を知ろうとしたり、主人公に降りかかることを〝自分ごと〟としてとらえたり、背景や心情変化に注目したりするなんて……」

そんなことをやれるわけがない、と思われるかもしれません。

ですが読解力の高い子は、そのようなことを〝自動的〟に行っています。しかも、それは、はたから見てもわかりません。漫画を読んでいるときの子どもの頭のなかは、見えないからです。

つまり、一見、同じように「漫画を読んで楽しんでいるだけ」に見えても、一方は「ただ楽しい」だけ、もう一方は「読解もしている」というように分かれてしまうのです。

そのような意味で、前者のタイプの子にとって、漫画は読解力養成にはなりませんが、後者にとっては立派な読解力養成のツールになります。

Q 読解力の養成に、テレビを見ることは役立ちますか？

A．あまり役立たないでしょう。

テレビは、基本的に受動的なものです。一方的に流れているものをただ見ているだけということが少なくありません。そのような意味では役立たないといえます。もし、テレビが読解力に役立つのであれば、テレビを見ることが主流であった昭和時代、平成の前半時代は、子どもたちの読解力は高かったはずです。

また、一方で、テレビそのものが、読解力を下げるというものでもないでしょう。

例えばアンケートなどで、国語の学力検査と、その子が1日見ているテレビの時間数との関係を見ると、ある程度の相関関係が出てくるかもしれません。しかし厳密にいうと、「テレビを見る時間の長さ」と「国語の成績」との相関関係は、見えてこないと考えます。なぜなら「テレビを視聴する時間が長い子は、勉強する時間が自ずと短くなる」という別の関係性があるからです。「勉強時間が短いせいで、国語を勉強する時間が少なくなり、点数も低くなる」ということも考えられます。

次に、テレビ番組の内容についても考えてみましょう。

ドキュメンタリー番組やニュース番組など、教養を深める番組では、興味関心が深まることで「知識を獲得できる」という大きなメリットがあります。また、そのプロセスで「考える力」をつけることも可能ではあります。

しかし、なかなかそのようなかたちでテレビを利用する子どもは多くはないことでしょう。ですから、テレビはあくまでも余暇の一部ととらえ、読解力については、あまり期待しないほうがよいでしょう。

Q 将来の夢が決まっていると、読解力は伸びやすい？

A. ケースバイケースです。

志望校や夢をもつに至った「理由」によります。「なぜその志望校なのか」「その夢を実現したいのはなぜか」にかかっています。

ただ「有名校だから通いたい」「カッコいい職業だからなりたい」という「周囲からの評価」を気にした目標である場合、その夢は、読解力の養成とは無縁になりがちです。

しかし、夢に確固とした理由がある場合、読解力の養成は期待できます。例えば次のような理由です。

「自分は病気で大変な目にあったが、医者や看護師による献身的な治療のおかげで回復し、その働く意義、使命感に感動した。自分も医学の道に進み、多くの人を助けたい」

このような場合、すでに自分の行為について意味づけをしている点で、読解的思考をしていることになります。

つまり、現実に起こったことの意味を問うたり、「自分の願いを実現するにはどうすればいいのか」と考えたりすることが、本人のなかですでになされているわけです。

そういう子はさらに、目標を達成するにはどうすればよいのかという「思考」ができることになります。つまり読解力をさらに伸ばしやすいはずです。

Q 気が散りやすい子ですが、どうすれば読解力がつきますか？

A. 全体構造の把握から入るといいでしょう。

次のような質問をもらったことがあります。

「うちの長女のN子は、周囲のことによく気がつき、人の気持ちがわかるやさしい子なのですが、集中が持続せず、国語でも読んでいる最中に周囲が気になって読解ができないといっています。このような子にはどうすればいいでしょうか」

N子さんのようなタイプを「マルチタスクタイプ」といいます。

私はこれまでの30年以上の指導経験から、人は「マルチタスク型」と「シングルタスク型」の2つにタイプが分かれると考えています。どちらのタイプかによって、読解力をどのようにつけるかのアプローチが異なります。ここで簡単にご説明しておきましょう。

〈マルチタスク型〉

なんでも一通りこなすことができるタイプです。しかし、集中力はあまり持続しません。なぜなら周囲のことに気づいてしまうからです。それは長所なのですが、勉強の世界ではデメリットになりがちです。また、マルチタスク型は〝秩序〟を重んじるため、仕組みや、方法、スケジュール管理などにハマりやすい傾向をもっています。そのため、読解する場合は、詳細部分は適当に流し、「全体構造の把握や分類」を重視するようにします。

ポイント：文章の「全体構造の把握や分類」からアプローチ

〈シングルタスク型〉

一点集中型のタイプです。好き嫌いがはっきりとしており、好きなことには夢中になり、周囲が見えなくなるぐらいです。このタイプは、好きな領域・興味がある領域であれば、自動的に読解を始めます。つまり、〝関心領域〟を重んじるタイプです。こだわりをもつため、文章中の「気になる部分」を深掘りしていきます。その考えを尊重して導いてあげるとよいでしょう。すると、そこから全体への関心へと広がっていきます。
ポイント：文章の内容面（意味）からアプローチ

「全体構造の把握や分類」も、文章中の「気になる部分」（＝こだわり）も、読解においてはいずれも極めて重要です。ただし、本人のタイプによってどちらから入って指導したらよいかが異なります。入り口が異なるだけで、最終的にはこの2つの視点を使います。

質問者のお子さんは、「マルチタスクタイプ」であるため、集中力は持続しない傾向にあり、取り組みが長続きしません。そこで、文全体を一気に読むのではなく、段落ごとに切って、その段落だけに集中するようにします。

そして、最後の段落まで行ったならば「文章構造」全体について、図式にして表してあげるといいでしょう。そうして構造から理解するようにしてあげます。

また、「人の気持ちがわかる子」であるということですが、それはとても素晴らしい資質です。ただ、自分の感じたことを優先するため、小説・物語型のテストではよく間違えることがあります。テストは、あくまでも「文章中に記述されていることからの洞察」によって答えなければならないからです。

したがってこのような子には、「自分の気持ち」と「文章中に書かれている気持ち」の2つを区別して考えさせると、伸びていきます。

「気持ちが正しいか間違っているか」という問題ではなく、「その違いについて知る」ということ自体が大切です。それによって、テストの場合は「文章中の気持ちを答えにしておくと正解になる」と教えてあげるとよいでしょう。また「その子の気持ちも間違いではない」ということも教えてあげるとよいでしょう。

Q 友人が多いと、勉強においての読解力も身につきやすい？

A. 一概に、そうとはいえません。

私の小学校からの友人で、とても頭のよいD君という男性がいます。D君は、小学校から誰彼と関係なくたくさんの友達がいました。それこそ不良と呼ばれる友達も、勉強がものすごくできる友達もいました。

今でも思い出されるのは、小学校の国語の授業中、誰かが先生に当てられて教科書を読んでいるとき、いい間違えたり漢字が読めなくて止まったりすると、その友人は「教科書を見ず」に口頭で教えてあげていました。
つまりその子は頭の中に文章が入っていたのです。まるで手品を見ているかのようにクラス中ざわついていました。
D君は地元の不良が多くいる中学に進学し、公立トップ高校に行き、難関国立大学に進学しています。現在は大手広告会社に勤めています。

このような話を聞くと、何か関係性があるように思えますが、実際は、地頭がよく、読解力も抜群で社交性があったから、幅広い層の友達がいたとも考えられます。

一方で友達の多かった子のなかには、勉強ができない子もいました。しかし、その社交性を活かして、現在は自分のやりたいことを仕事にして生きています。ですから、単純に子ども時代の友達の多寡と読解に相関はない、あっても小さいことでしょう。

Q 習い事や運動に夢中の子に、読解力をつけさせるには？

A. その子が興味のある本から、すすめてみましょう。

読解力とは「意味を理解する力」ともいえます。ですから、スポーツや習い事に夢中になっているとしたら、それをきっかけに関連の本を利用していくといいでしょう。「興味関心がある」というだけで、「知りたい、読みたい」という気持ちになります。すると意味を理解しようと心がけるものです。

その際、大切なことは「与えた関連本は、最初の部分から全部読むよう強制しない」ということです。読みたい部分から読むということをすすめてください。読解力は〝量〟でなく、〝質〟から培われます。

Q 反抗期の子の読解力を伸ばしたいときは？

A. 単なる口げんかではなく、議論をしてみましょう。

はじめに、反抗期の子どもに「読解力をつけさせよう」と思わないことが大切です。そのような気持ちを親がもつと、余計なことや、余計な発言をしてしまいます。

しかし、反抗期において読解力を高める手段があります。それは「口論」です。口論とは「口でする議論」です。口喧嘩といってもいいかもしれませんが、ただの口喧嘩だと議論になりません。暴言を吐いたり、売り言葉に買い言葉の口論となったりしてしまいます。そこで、建設的な「議論」を試みるのです。

議論の仕方についてはさまざまありますが、特に反抗期で自分の子どもということであると、話がそもそもできない可能性もあります。そこで、反抗期の子どもに合わせた親との対話について、役立つ方法をお伝えしておきます。

反抗期にある子どもとの対話の3つの注意点

（1）強制言葉は使わない（○○をやりなさい、やるべきでしょ、やって当たり前）
（2）マイナス言葉も使わない（無理でしょ、今までもできなかったよね）
（3）誘導用語も使わない（○○をやってみてはどう？）

反抗期の子どもとの対話の方法

親は選択肢を提示するだけで、その選択を子どもにさせるという方法をとります。

このモデルは、反抗期にかかわらず使える手法です。通常、親は子どもが反抗期であるか否かにかかわらず、先述の言葉を使うことがあります。そうすると、反抗期ではない子どもでも反抗期のような反応を示すことがあります。ですから、一般に通用する手法ともいえます。

例えば宿題をやらない子どもがいたとしましょう。その際、「宿題をやるという道とやらないという道がある。やる場合は、力がついていくし、特に先生に怒られるということもない。ただし、家で勉強する時間を取る必要がある。宿題をやらない場合は、力はつかず、学校で先生に怒られることもある。ただし、家で空いた時間にゲームをやったり、遊んだりできる。どちらを選択するかはあなた次第」ということを、やんわり表現して伝えます。

親は2つの道（選択）を示すときに、それぞれのメリットとデメリットを伝えることがポイントです。子どもは「今（現在）」しか見ていないため、「先（未来）」のことがわかりません。ですから、このように2つまたは3つの道という選択肢を出してあげるといいでしょう。その際、親は誘導しません。

判断するのは、あくまでも子どもです。

「判断すること」は「責任をもつこと」になります。自己選択＝自己責任です。

このモデルを子どもに使っていく一連のプロセスで、教育効果も出ます。

あれこれ強制的にやらせることも、ときにはあるでしょうが、いつまでもそれを続けていると、うまくいかないときに、子どもは強制した人（親）の責任にします。「親にいわれてやったのに失敗した」と。

このようなプロセスを与えることで、子どもは少なくとも判断するために「考える」ことをします。ですから、読解力に直接的に関係するわけではありませんが、「考えること」

によって読解力が高まる、という遠因にはなるかもしれません。

Ｑ　思春期の子に、読解力をつけさせるにはどうすればいい？

Ａ．無理をしないでください。

「読解力をつけさせよう」と思わないことです。余計なことは、しないようにしましょう。思春期です。親の目論見や意図を敏感に感じ取る時期です。

子どもから相談がない以上、親から余計なことはしないほうがよいでしょう。

Ｑ　読解力の養成に、親子関係のよさは影響しますか？

Ａ．影響することもあります。

親子関係が良好であれば読解力にプラスの影響があると思われがちです。

しかし、私がこれまで指導してきた４０００人以上の子どもたちのケースでいえば、まったく逆のケースが散見されました。

つまり、親子関係がとても悪く、どちらかというと親側に理解力がない状況のなかで、それをきっかけに、子ども側が人間関係に問題意識をもつようになり、思考や読書をするようになったというケースです。その結果、読解力が上がっていったケースがあります。

もちろん、単純にそうならないケースもたくさんあります。ただ単に親子関係がよくないだけで終わっている子もいます。

負の問題でも、それをきっかけに、「考える」方向性へと向かいだせば、読解力に影響を与えることはあるでしょうが、そうではない方向に向かえば、読解力とは無縁のことになります。できれば、そのような方法で読解力をつけるのは避けたいものです。

Q 机の上が整理されていることと、読解力は関係がありますか？

A. ある程度の関係性はあります。

「整理整頓」や「お片づけ」が読解力と関係性があるとは、通常は思えません。

しかし、これまで指導してきた子どもたちは、一部の天才的能力をもつ子どもを除き、一般に「整理整頓ができる子は勉強ができる」という傾向にありました。なぜなら、物理的分類ができるということは情報の分類もできることにつながるからです。

勉強の世界では、情報を意味づけし、分類し、記憶していくことができるのが、いわゆる「できる子」の特徴です。

そのような意味でとらえると、前述した読解に必要な２つのタイプ（２０２ページ参照）のうち、整理整頓が得意な子は「全体構造の把握や分類」ができるようになる可能性があるのです。その意味では間接的に、読解力と関係があるといえるでしょう。

しかし、整理整頓がしっかりできる子どもは、それほど多くはないと思います。親御さんからの相談で、整理整頓できないという声も多く聞きます。

もちろん整理整頓はできるに越したことはありませんが、子どもにさせることは難しいものです。

そこで、整理整頓を教えてもやろうとしない場合、また、やってもうまくできない場合は、部屋全体や机全体ではなく、一部分からやってみるのもいいでしょう。

その際、特に「気になる部分」から取りかかります。

つまり、自分が大切にしているおもちゃ箱とか、自分が大好きな漫画とか、自分の興味関心が高い領域だけを整理整頓することから始めていくといいでしょう。モチベーションもあり、片づけることで気持ちが満たされる経験をさせてあげることにつながります。

Q 読解力は、何歳からでも伸ばせますか？

A. 何歳からでも伸ばせます。

読解力を伸ばすことは、何歳からでも間に合います。ちなみに、私自身が読解力を伸ばそうと試み、実現したのは20歳のときです。それまで、私の読解レベルは極めて低かったのです。

また、企業研修で大人に読解力の指導をすると、今まで意味が理解できなかった人ができるようになったという例も数多くあります。また、大人の場合、読解力を上げるのにそれほど時間がかからないという特徴もあります。

なぜなら、子どもより人生経験があり、内容面をイメージできる引き出しが多いため、その見方を教えてあげるだけでいいからです。すると、今まで見えなかった世界が一瞬にして見えるようになることは珍しいことではありません。

「読解力が低い」と思っている方は、ほとんどの場合、読解力の正体を知らなかったり、「どのように読解するのか」という方法を知らなかったりするだけなのです。

もし大人がご自身で行う場合は、、興味関心領域を深掘りすることをおすすめします。たくさんのことを水平展開して学ぶよりも、狭く深く学ぶほうが、理解力が高まり、読解力が上がります。

おわりに　～脳のOSをアップデートさせていきましょう～

「読解力」とは、勉強の世界においては、最も重要な力の1つです。いや、1つではなく、最重要といっても過言ではないでしょう。読解力があるかないかでは、国語はもちろん、ほかの教科についても天と地ほどの差が出てしまいます。また、人生の幅と深さも変わってくることでしょう。

多くの親御さんは、早い段階からその事実に気がついていると思います。だからこそ、「読解力を伸ばしたい」という言葉が出るのだと思いますが、その手段としてよくあるのは、子どもに読書をすすめていくことです。

けれども、本をいくら与えても、肝心の読解力は伸びず、成績も上がらない……。

私は、そんなケースを山ほど見聞きしてきました。

つまり「本を読めば読むほど、読解力が身につく」のではなく、「本を読めば読むほど、国語が嫌いになる」という真逆のケースばかりが起こっています。「本を読めば読解力がつく」のではなく、「読解力があるから本を読む」ということが多くの実態だったのです。

そんな〝読書神話〟のために、多くの時間を浪費し、読解力を養成するどころか、結果的に「読書嫌い」になってしまった子どもは少なくありません。

また、被害をこうむるのは子どもだけではありません。

読書を強要することに疲れ果て、そのせいで親子関係までギクシャクさせ、多大なストレスを抱え込んでしまう。そんな親御さんにも、私は数多く向き合ってきました。

「読解力の伸ばし方を親御さんが誤解したために、疲弊しきってしまう親子」を、一組でも減らしたい。そんな悲願から本書は生まれました。

「読解力を高めるには、文章をたくさん読めばいい」

「読解力を伸ばすには、読書さえすればいい」

ここまで読んでいただいた方は、もうそんな思い込みは手放せたのではないでしょうか。

最後に、読解力を別の視点で説明してみます。講演会ではよくお話しする内容です。

「読解力がない状態」を、次のような例えで理解してみてください。

「勉強を処理する頭脳のOS（オペレーティングシステム）がフリーズを起こしている」

驚かれるかもしれませんが「子どもの読解力がない原因」については、そう例えられます。つまり、「読解力」とはパソコンでいうところの「OS」にあたる、非常に大事な基盤なのです。

どのようなパソコンにも「OS」と「ソフト」の2つが入っています。

「OS」とは、コンピュータシステムを動作させるための基盤となるプログラムの総称です。例えば「Windows」や「MacOS」のようなものです。

一方、ソフトとは「ワード」や「エクセル」などを指します。そこで、次のようなことを考えてみてください。

例えば1995年に一世を風靡した「Windows95」に、最新の「ワード」や「エクセル」のソフトをインストールできるでしょうか？　OSが古すぎて入りませんよね。

もし入ったとしても、すぐにフリーズするはずです。しかし新しい「OS」である「Windows11」であれば、どのようなソフトもインストールが可能で、サクサクと動いてくれることでしょう。

実は人間の頭脳もこれに例えることができます。パソコンのようにOSに相当するものがあるととらえてください。これは「地頭（じあたま）」と世間でいわれるものにあたります。

一方で、ソフトのインストールや更新作業は、日々行われています。子どもの場合、このソフトとは英数国理社などの科目にあたります。

しかし、ここで次のような問題が起こります。

「OSのバージョンが新しい子は、どのようなソフト（科目）もインストールできるが、OSのバージョンが古い子は、インストールできないかフリーズを起こしている」

小学校の内容が対応できるOSを搭載していれば、小学生時代は問題ありません。しかし中学の内容ではフリーズを起こします。中学の内容まで対応できるOSを搭載していれば、中学校時代は問題ありませんが、高校の内容ではフリーズを起こします。

勉強でつまずいていく子は、こうした問題に直面していることが多いのです。

ところが、家庭では科目の出来や不出来といった「ソフト」の面にばかり目が行きます。そしてそれを何とかインストールさせようと、強制的に勉強をやらせたり、塾に入れたりとさまざまな手段を取ります。しかし、「ソフト」ばかり詰め込んでもOSがアップデートされなければ何も変化は起こらないのです。

例えば、読解力が高くない子に、大人の新聞の記事を読ませても、読解力を伸ばすことなど期待できません。よく新聞の要約をするといいという話がありますが、文章の意味がわからないのに要約はできません。また、要約の仕方を教えずに、「まとめなさい」とだけいわれることもあります。読解力のない子にとっては、まったく意味のない〝難行苦行〟でしかありません。意味がないどころか、「文章は嫌い、新聞は嫌い、国語が嫌い」にさせるための作業になってしまっている可能性があるため、十分注意が必要です。

そこで、この「OS」（＝読解力）を後天的にアップデート（更新）させる方法を集めたのが本書、なかでも4章というわけです。

実際、かつての私も「OS」のバージョンがかなり低かったので、よくわかります。

「ＯＳ」のレベルが上がるイメージを山に例えてみるとよくわかります。０合目の地上が「ＯＳバージョン０」と思ってください。すると見える世界は具体的なものばかりで、すべて雑多で異なって見えます。しかし、５合目まで山を上ると見える景色が変わります。あのあたりには、町があるとか、ビル街があるとか、まとまりが見えてきます。この段階が「ＯＳバージョン５」です。さらに10合目の頂上に行けば、さらに全体像が見えてきます。これが「ＯＳバージョン10」です。

つまり、見える景色が異なるとはこういうことです。同じ国語の文章を見ても、「ＯＳバージョン０」の子と「ＯＳバージョン５」の子と「ＯＳバージョン10」の子ではそれぞれ見えている〝景色〟が異なります。つまり、読解レベルが異なるということです。

これまで指導してきた数千人の子どもたちの「ＯＳ」、つまり読解力を上げてきましたが、上がれば上がるほど、おもしろいことが起こります。読解の離形ができるため、他教科へと学習の転移が起こり、点数が上がりだすということです。テストはあくまでも結果なので、それよりも意味を理解できるようになると、子どもたちは学びや新しいことを知ることに前向きになります。

読解力向上とは「OS」をアップデートすること

ぜひお子さんの「OS」をうまくアップデートさせてあげてください。

本書でご紹介した方法を1つでも取り入れてもらえれば、子どもの「OS」に変化が出てきます。

学校や塾だけに期待をするのではなく、家庭の日常生活のなかで子どもの読解力を養ってあげてください。そこから、親子の絆もより一層深まっていくはずです。

また数年後に、今を振り返ったとき、「読み聞かせの時間が、子育て期のかけがえのない最終段階だった」と、きっと懐かしく思い出されるに違いありません。

最後にこの場をお借りして、私にさまざまなヒントや気づきをくださった皆さんに御礼を申し上げます。「東洋経済オンライン」の連載を読んでくださっている皆さん、全国で主宰する「Mama Cafe」に集まってくださる皆さんとMama Cafe認定ファシリテーターの皆さん、Voicyで毎日音声配信を聴いていただいている皆さん、そして今まで指導してきた4000人以上の子どもたちにも、心からの感謝を捧げます。

夏休み、セミの声を聞きながら

石田勝紀

▒著者プロフィール

石田勝紀

教育デザインラボ代表理事、教育評論家。

1968年横浜生まれ。20歳で起業し、学習塾を創業。4000人以上の生徒に直接指導。講演会やセミナーを含め、5万人以上を指導。現在は「日本から勉強が嫌いな子を1人残らずなくしたい」と、Mama Cafe、執筆、講演を精力的に行う。国際経営学修士(MBA)、教育学修士。著書に『子ども手帳』『子どもを叱り続ける人が知らない「5つの原則」』(ディスカヴァー・トゥエンティワン)、『子どもの自己肯定感を高める10の魔法のことば』(集英社)ほか多数。

▒STAFF

装丁	森田 直+佐藤桜弥子(FROG KING STUDIO)
カバー・本文イラスト	森 千夏
本文デザイン・DTP	竹崎真弓(ループスプロダクション)
編集協力	山守麻衣/金丸信丈、関根孝美(ループスプロダクション)
校正	東京出版サービスセンター
編集	大井隆義(ワニブックス)

本《ほん》は読《よ》まなくてOK!

子《こ》どもの「読解力《どっかいりょく》」がすぐ伸《の》びる魔法《まほう》の声《こえ》かけ

著者　石田勝紀

2021年12月5日　初版発行

発行者　横内正昭
編集人　内田克弥

発行所　株式会社ワニブックス
〒150-8482
東京都渋谷区恵比寿4-4-9えびす大黒ビル
電話　03-5449-2711(代表)/03-5449-2734(編集部)

ワニブックスHP　https://www.wani.co.jp/
WANI BOOKOUT　https://www.wanibookout.com/
WANI BOOKS　NewsCrunch　https://wanibooks-newscrunch.com/

印刷所　株式会社光邦
製本所　ナショナル製本

定価はカバーに表示してあります。

落丁本・乱丁本は小社管理部宛にお送りください。送料は小社負担にてお取替えいたします。ただし、古書店等で購入したものに関してはお取替えできません。

ISBN 978-4-8470-7123-2